融媒时代的新闻传播研究

郑夏楠 杨 雪 李曼琳 ◎ 著

吉林出版集团股份有限公司
全国百佳图书出版单位

图书在版编目（CIP）数据

融媒时代的新闻传播研究 / 郑夏楠，杨雪，李曼琳著 . -- 长春：吉林出版集团股份有限公司，2023.6
ISBN 978-7-5731-3933-7

Ⅰ.①融… Ⅱ.①郑… ②杨… ③李… Ⅲ.①新闻学—传播学—研究 Ⅳ.① G210

中国国家版本馆 CIP 数据核字 (2023) 第 126856 号

融媒时代的新闻传播研究
RONGMEI SHIDAI DE XINWEN CHUANBO YANJIU

著　　者	郑夏楠　杨　雪　李曼琳
责任编辑	祖　航
封面设计	李　伟
开　　本	710mm×1000mm　　1/16
字　　数	215 千
印　　张	12
版　　次	2024 年 3 月第 1 版
印　　次	2024 年 3 月第 1 次印刷
印　　刷	天津和萱印刷有限公司

出　　版	吉林出版集团股份有限公司
发　　行	吉林出版集团股份有限公司
地　　址	吉林省长春市福祉大路 5788 号
邮　　编	130000
电　　话	0431-81629968
邮　　箱	11915286@qq.com
书　　号	ISBN 978-7-5731-3933-7
定　　价	72.00 元

版权所有　翻印必究

作者简介

郑夏楠 女，满族，1991年6月生，河南省开封市人，毕业于河南大学，硕士研究生学历，新闻学专业。现任教于河南开封科技传媒学院，讲师，研究方向为文化传播与新闻实务。主持并完成省级社科联项目两项、省级人文社科一般项目一项，发表论文十余篇。

杨　雪 女，汉族，1989年1月生，河南省郑州市人，毕业于中国传媒大学，硕士研究生学历，广播电视专业。现任教于河南开封科技传媒学院，讲师，研究方向为新媒体理论与实务。主持并完成省级社科联项目一项、省级人文社科一般项目一项，参与省软科学项目一项，发表论文十余篇。

李曼琳 女，汉族，1987年8月生，河南省开封市人，毕业于北京印刷学院，硕士研究生学历，传播学专业。现任教于河南开封科技传媒学院，讲师，研究方向为媒介融合、融合新闻传播。参与省社科联项目两项，发表论文十余篇。

前言

随着社会生产力水平的不断提高和科学技术的不断发展,新闻传播活动已经成为社会中的一种普遍现象,无时无刻不在为人们的生活服务。它肩负着传递文化、承载文明的职责,因此对一个国家的发展建设至关重要。它既作为开放型产业体现着信息性、知识化等属性,又作为一项国家事业体现着阶级性、政治性、意识形态性等。新闻传播对阶级、政党、国家来说,是需要持久奋斗的事业;对社会和广大人民群众来说,是争取舆论阵地的重要手段。

近年来,信息技术、数字化技术、虚拟技术等以突飞猛进的态势持续发展,基于互联网平台的新媒体力量不断壮大,对传统的新闻传播方式产生了颠覆性的影响,为整个媒介生态带来了全新的格局。当下,我国的媒体传播正不断向媒介融合的方向发展,受到这一趋势的影响,新闻传播业也将迎来前所未有的变革,其行业规律、传播流程、信息形态、传递渠道等都以肉眼可见的速度发展演变。鉴于此,作者特写此书,以期能够使更多的人对融媒时代新闻传播的相关知识有所了解。

本书对融媒时代的新闻传播进行研究,第一章为绪论,分别介绍了新闻传播行为及其特点、融合媒体发展现状两个方面的内容;第二章为融媒时代的新闻传播者,主要介绍了三个方面的内容,依次是融媒时代新闻传播者的角色定位、融媒时代新闻传播者的权利与责任、融媒时代新闻传播者的自律与他律;第三章为融媒时代的新闻传播内容输出,分别介绍了两个方面的内容,依次是融媒时代新闻传播的价值挖掘、融媒时代新闻传播的舆论引导;第四章为融媒时代的新闻传播媒介，依次介绍了新闻传播媒介、融媒时代新闻传播媒介的功能、融媒时代新闻传播媒介的特点三个方面的内容；第五章为融媒时代的新闻传播受众，主要介绍了三个方面的内容，分别是融媒时代新闻传播受众的角色定位、融媒时代新闻传播受众的权利与责任、融媒时代新闻传播受众的接受与反馈；第六章为融媒时代的新闻传播效果，依次介绍了传播效果的类型、融媒时代新闻传播的深度影响两个方面的内容；第七章为融媒时代的国际新闻传播，分别介绍了两个方面的内容，分别是融媒时代国际新闻传播现状、融媒时代国际新闻传播发展趋势。

在撰写本书的过程中，作者得到了许多专家学者的帮助和指导，参考了大量的学术文献，在此表示真诚的感谢！限于作者水平有不足，加之时间仓促，本书难免存在一些疏漏，在此，恳请同行专家和读者朋友批评指正！

目 录

第一章　绪论……………………………………………………………………1
　　第一节　新闻传播行为及其特点……………………………………………3
　　第二节　融合媒体发展现状…………………………………………………8

第二章　融媒时代的新闻传播者………………………………………………23
　　第一节　融媒时代新闻传播者的角色定位…………………………………25
　　第二节　融媒时代新闻传播者的权利与责任………………………………31
　　第三节　融媒时代新闻传播者的自律与他律………………………………51

第三章　融媒时代的新闻传播内容输出………………………………………79
　　第一节　融媒时代新闻传播的价值挖掘……………………………………81
　　第二节　融媒时代新闻传播的舆论引导……………………………………98

第四章　融媒时代的新闻传播媒介……………………………………………113
　　第一节　新闻传播媒介………………………………………………………115
　　第二节　融媒时代新闻传播媒介的功能……………………………………136
　　第三节　融媒时代新闻传播媒介的特点……………………………………140

第五章　融媒时代的新闻传播受众……………………………………………147
　　第一节　融媒时代新闻传播受众的角色定位………………………………149

第二节　融媒时代新闻传播受众的权利与责任 ············ 154
　　第三节　融媒时代新闻传播受众的接受与反馈 ············ 161

第六章　融媒时代的新闻传播效果 ························ 163
　　第一节　传播效果的类型 ···························· 165
　　第二节　融媒时代新闻传播的深度影响 ················ 166

第七章　融媒时代的国际新闻传播 ························ 169
　　第一节　融媒时代国际新闻传播现状 ·················· 171
　　第二节　融媒时代国际新闻传播发展趋势 ·············· 179

参考文献 ·· 183

第一章 绪论

本章为绪论，主要讲述两个方面的内容，分别是新闻传播行为及其特点、融合媒体发展现状。其中融合媒体发展现状主要讲述了全球其他国家的媒体融合发展现状以及我国媒体融合的发展现状。

第一节 新闻传播行为及其特点

一、新闻传播行为

目前，人们对于"传播"一词的基本定义是"主体大致借助某种符号向其他客体传递信息、情感或观念的行为"。如果系统地了解学科知识，就会认识到："传播"研究的范畴比"新闻"要广泛得多。新闻学因为有相对明确的研究对象——新闻，所以研究领域多是法治新闻、财经新闻和电视节目等跨学科项目，或诸如元宇宙、5G、VR、新媒体之类的新技术。传播学的内容就更灵活，某种意义上更接近社会学，研究作为整体的传播现象。传播学更重视量化的方法，大多数研究都要做问卷、写调查、做模型等。

至于"新闻传播"的概念，则指人们通过新闻媒介主动探求并获取新闻信息，从而满足自身生存发展的需求。在现代人类实施的社会行为中，新闻传播是意义最为重要的活动之一。新闻传播学的学科基础来自文学、政治学和社会学，同时又与各种人文学科有着密不可分的联系，如经济学、管理学、艺术学、心理学、历史学和哲学等。新闻传播学类专业具有较强的政治性，要求学生坚持马克思主义新闻观和正确的政治立场，同时具有较强的实践性与融合性，能紧跟传媒实践的快速发展，学生掌握扎实的新闻传播知识，能够胜任未来新闻传播相关行业的工作。

陆定一认为，"新闻是新近发生的事实的报道"[①]。新闻起源于人类的信息交流和社会交往，新闻必须为受众提供外部世界新近发生变动的事实，这是新闻媒体基本的职责。新闻本源是事实，有事实后方有新闻事实，其次是新闻本身。新闻的基本要素包括：What（何事）、When（何时）、Where（何地）、Who（何人）、Why（何因）、How（如何）。

真实和新鲜是新闻最基本的特点，这要求新闻报道要真实和迅速，新闻真实、迅速的要求决定了新闻工作的方向，塑造了新闻媒介以及新闻工作者的品格，决定了媒介的形式和技术的采用，决定了新闻工作者素质的基本要求。

---

① 时统宇. 电视影响评析[M]. 北京：新华出版社，1999.

能否从纷繁复杂的传播信息流和社会事件中挖掘出有新闻价值的信息，这是一个衡量记者新闻敏感和综合素质能力的评判标准。

传播技术的进步一定程度上改变了传播渠道，改变了受众和传播者传统的不平等地位，改变了传播理念，但不会改变新闻价值的定义（先前说过了，这个定义是客观的）。传播者和受众不平等地位的改善会使与受众利益或受众需求切合程度高的新闻传播得更为广泛。

提到传播学，人们可能会自然而然想到，它指的是人与人之间的信息交流。这种理解当然是没有错误的，不过传播并不只发生在人与人之间，并且还需要考虑很多其他因素，这些因素便是理解传播学的关键。

一般传播过程中需要考虑的因素包括：传播者（sender）、受众（audience）、信息（message）、反馈（feedback）、传播环境（setting）、传播媒介（channel/medium）、干扰/噪音（interference/noise）。简单来说，把传播过程理解为传播者在特定传播环境中通过媒介向受众发送信息，后由受众向传播者提供反馈，信息传播及反馈的过程均受一定程度的干扰，这种思维并没有错误，不过忽略了各个因素的多样性。

传播者与受众的位置是可以互换，也可以同时存在的。个体能够同时作为传播者与受众，也可以随沟通的过程转换传播者与受众的角色。传播个体可以是个人或者组织，此外传播者与受众也可以是非人的个体，比如现在的人机交互或者智能家居系统都是人机传播的例子。

考虑传播者和受众角色的流动性，信息与反馈也具备同样的互换关系。作为传播的内容主体，信息和反馈也具备多样性，语言、图形、文字、视频甚至表情动作语气都可以是信息的一部分，因为人类在交流时会根据一切微小的线索来解读接收到的信息。

传播媒介包括了面对面对话，报纸杂志为代表的纸媒，电视及广播代表的电视媒体，以及目前最常用的网络媒体，是所有一切有助于信息传输的中介。媒介不仅决定了信息传播内容的表达方式，同时也定义了信息传播的时效。比如，对于日常生活中面对面交流的过程来说，信息和反馈通常使用口语化的词句来表达，并且信息的传送接收都是实时的。但是纸媒以及其他以文字为主要载体的信息一般使用书面语言来表达，并且信息的传送和反馈是非同步的，比如今天人们读的报纸是昨天某位记者写的，但是读者阅读后的反馈无法实时被该记者接收。电视媒体的信息以文字、声音和图像为载体，可以使用口语化（综艺节目）或者更加正式的表达（新闻联播），一般来说，通过电视媒体的信息接收是不同时的（录播节目）或者稍有延迟（实时直播节目）的，但在大部分情况下的反馈过程是非同步的。

不过网络媒体的出现打破了这种局面，网络媒体同样涵盖了文字语言及图像，但是网络用语的出现开辟了一条非书面化也非口语化的表达方式。另外，以网络节目为例，录播节目与受众的反馈一般是非实时的，但是受众与受众之间的互动可以是实时或非实时的，比如，观众在看节目期间发了一条弹幕，而几秒钟或几分钟后有另外的受众看到了弹幕信息并回复，这样的信息与反馈是基本实时的。还有另外一种可能是，弹幕在几天，甚至几个月之后被另外的观众看到并回复，对信息的发送者来讲，这条反馈是非实时的；可是对回复者（信息的接收者）来说，这种回复是基于其实时的信息接收。再拿网络直播带货为例，直播带货的信息与反馈基本是实时的，但是信息传播者与受众其实处在不同的空间进行交流，这就引出了下一个话题——传播的环境。

传播环境就是信息传播和接收的空间。一般来说，面对面交谈的信息传播是在同一时空进行的；纸媒、电视媒体以及网络媒体的信息传播与接收是在不同时空完成的，信息发送者可以在家、在报社、在电视台或者在直播间；而受众可以在自主选择的时空来接收信息。

最后是噪音问题，比如，学生在教室上课的过程中，信息的传播者和接收者是在同一时间、空间交流的，突然一个迟到的学生闯入，打断了教师的讲解，这是一种容易理解的物理噪音。还有心理及生理噪音，可以产生于传播者或者受众，比如学生因患病等原因很难集中于课程听讲，这属于生理噪音；或者教师提到了学生感兴趣的事物，使学生走神，这也属于一种心理噪音。另外，个人对某一观点或者课题的知识储备、态度和立场也会产生一种心理噪音，影响传播者以及接收者的沟通。最后一种干扰来自传播媒介，比如电视及网络信号不稳定，智能设备出现问题等，都会让传播的效果大打折扣。

以上是对传播过程的一个粗略介绍，每一次的传播都牵涉众多因素，具体的传播需要根据实际交流情景来分析。不论哪一个研究方向，都可以利用这个基本思考。比如，要想让广告达到效果最大化，就要思考受众是谁，在什么渠道投放广告，当前的市场环境以及可能存在的干扰。这可能是对传播学科存在的意义最笼统的概括。

二、新闻传播的特点

新闻传播具有显著的特点，概括来说，主要包括以下几个方面：

（一）系统性

传播是一个系统，它具有一切系统所拥有的特征：复杂性、动态性、开放性、连续性等。

首先，从单个的过程来看，传播的要素不仅包括传播者、受众和信息，也包括传播的媒介以及其他噪音。传播者、受众在传播信息和反馈的过程中受到本身的个性心理、知识经验、价值观及所属群体、组织乃至整个社会的影响；而传播的过程又将受到自然或人为噪音的影响。所以，即使是看似独立的传播过程，也和所处的传播情境紧密相连，并受到特定的社会历史环境的制约，因此，其实质和构成也并不简单。

其次，现实社会中的传播是一种杂糅的形式，通常由一系列过程复杂的传播要素构成。这些要素彼此交织、穿插，相互影响和制约，共同发挥作用，组建起一个繁杂、宏大而细节多元的信息传播系统。这个系统是一个复杂的过程集合体，各种信息在其中形成、变化、融合、消亡；同时，这个系统处于与其他的社会要素或系统你来我往、相互影响的过程之中。传播系统不断运动，随着人类的产生而产生，随着人类的消亡而消亡。

（二）双向性

只有一个个体参与的传播是不成立的，双向参与（传播者和受众）的社会互动才能构成传播行为。传播者发出或转移信息，将其传递至受众处，后者还要给出对应的反馈信息，这样，双方的身份其实是在不断对调的，交流也在这种对调中得以实现，交流参与者要处在"你来我往"的互动状态中。

需要指出的是，只要传播的双方处在特定的环境和气氛中，无论反馈是什么形式的，传播都能够成立。也就是说，即使受众在得到传播者传递的信息后一言不发或毫无表情，也被视为一种态度的表现方式，符合反馈的定义。

传播类型不同，所体现的双向性强弱也不同。综合来看，人际传播和网络传播具有较为突出的双向性，组织传播和大众传播的双向性相对不明显。不过，无论哪种传播类型，都是不会脱离双向性这一实质特征的。

（三）目的性

传播带有目的性是由于传播主体——人的行为总是带有目的性。相对于动物而言，人类的传播行为不是某种非条件反射或条件反射，而是有意图的精神活动，是自觉的。通过信息传播活动，在一定程度上消除了不确定性和未知因素。人类的各种传播类型都有着一定的目的性和自觉性。

（四）双重性

这里指的是传播手段、工具、介质的双重性。传播以信息作为工具，兼具物质载体（符号）与精神内容（含义），前者具有现实的、具体的形态，因此可以被人们直观地感受到，在脱离符号的情况下，人们是无法了解他人意图的，后者是潜在的，没有具体的形态，然而传播在脱离含义的情况下就会失去意义。符号和含义两者之间存在彼此依存的关系，故此，缺一不可。

（五）社会性

传播具有时空遍布性特点，无时不有、无处不在，作为人类的一种赖以生存和发展的基本行为，传播起到的作用是非常重要的。传播学作为社会学的延伸，其研究对象自然是作为传播主体的人，而人的基本属性就在于社会性。人的传播活动贯穿整个社会，影响并反映着社会关系的形成和情况。脱离了社会这一特定环境，人们是无法彼此交流、相互合作的，自然也不会形成信息，传播更是无从谈起；反过来，离开了传播，就没有使人们交流和凝聚的力量，无法构建社会关系，人类社会也就不存在了。一旦社会关系形成了，传受双方就处于一定的社会角色和地位之中，他们传达的内容、语气、神态就会反映出他们之间的社会关系。

新闻媒介是一种社会化的形态，故而新闻具有社会性这一基本特性，新闻学内的种种用语都可表示特定的社会关系（报纸与读者、广播与听众、电视与观众）：一方乃对方存在的前提，在作用于对方时又受其约束。这种互相影响和促成关系主要从以下几个方面体现社会性：一个人需通过新闻媒介的影响，才能实现个体的发展（知识结构、实际能力、社会关系等），可以说社会化程度就等同于接触媒介的程度，因此新闻传播乃人之社会化的必通渠道；新闻媒介报道的内容会受到社会群体的广泛关注，无论报道内容为何，在特定的条件下，都可能引来大范围的仿效，因此，在人们的社会学习过程中，新闻媒介能够起到"范式"的作用；新闻媒介能够产生、传递并带动舆论，由此带来的社会力量是极其强大的，甚至能左右个人与个人、个人与团体、个人与社会之间的关系。

（六）共同性

共同性强调的是传播者和受众对信息理解的共同性。没有受众接受的传播是不完全的，称不上传播。一个完整的传播过程须从传播者的编码开始，也就是用符号的形式将希望表达的意义描述出来，其后借助特定的介质，让受众接收符号，再加以解码，解读出（自己所理解的）意义。而编码和解码是利用传播主体已有的符号系统、认知结构和知识经验进行的，也即为符号所代表的意义是约定俗成的。如果要使传播顺利进行，这种编码解码工具必须相同或者有交集，也就是说，传播主体对符号的解释要具有共同性。

（七）共享性

信息的共享与物质是不同的，它的寄托形态没有总量上的限制，因此能够不断复制，而且能在很短的时间内传递给他人，而主动分享的一方并不会因此失去信息。所以，信息传播的过程就意味着传播者和受众共享了特定的信息。另外，传播有着各种各样的类型，如口语、问题、图像等。人类的一举一动都伴随着一定的传播行为——总是携带和散发着某种信息。因此，传播还具有一定的行为伴随性和贯穿性。人的各种动作、表情、言语都会向人传播特定的信息。

第二节　融合媒体发展现状

媒体融合的发展方兴未艾，促使我们在开展有关媒体融合理论研究的同时，更要重视以全球的视野对媒体融合的发展实践进行深入的观察与思考。

"他山之石，可以攻玉。"对全球媒体融合发展历程与现状的研究，可以为我国的媒体融合提供坐标参照与经验借鉴。在全球媒体融合的图谱上，再聚焦中国媒体融合发展的现实，可以帮助我们获得更加开放和客观的研究视角。

一、全球媒体融合的发展现状

从全球媒体融合的发展历程来看，西方媒体较早开始了媒体融合的实践。虽然在路径上，世界范围内媒体融合形成与发展有较高的契合度，即随着互联网与信息数字技术的发展，传统媒体最初在需求变化、市场压力的迫使下，开始尝试发展和融入网络媒体。随着新媒体的快速崛起，传统媒体与新媒体的边界被进一步打破，两者在媒体形态、传播过程、传媒经济等方面不断融合，发展出"你中有我、我中有你"的新态势。但聚焦具体的国家和地区，媒体融合的实践仍发展出了各具特色的进程。

（一）美国媒体融合发展现状

相较于其他国家与地区，美国传媒业的市场化运作程度最高，是媒体融合开展最早的国家之一，也在媒体融合转型中一直占据先导地位。

美国的媒体融合以1996年推出的《电信法案》为重要标志，在20世纪末期进入全新时代。

20世纪90年代之前，美国的媒体融合尚处于初级阶段。当时的传媒业市场逐渐从充分竞争发展为垄断竞争，大众媒体间的并购或媒体集团的重组风生水起，综合性大众传播的媒体集团大行其道。当时美国的媒体融合主要是以市场为导向，以资源共享和规模效应为目标，并以并购和合作等形式来达成。这个时期的典型代表如索尼，从电子制造企业开始进军电影产业，将其企业的内在硬件生产优势同电影内容产业相结合。

1987年，《圣何塞信使报》将其纸质内容送上了互联网，实现了全球报纸内容的首次成功"触网"，也预示着媒体融合激烈变革的时代大幕徐徐拉开。进入20世纪90年代，互联网开始快速发展，尤其1996年《电信法案》颁布后，美国的传媒业具备了深度融合的技术、经济与政策条件，媒体融合进入了崭新的发展阶段。如20世纪90年代中后期，《纽约时报》开始向新媒体转型，要求旗下不同业务需要建立自己的网上传播平台，在此后的数年时间里，其先后建立了三十多个不同类型的网站。同期，美国有线电视新闻网也率先在电视界开展与网络媒体的融合，开设了自己的官方网站（www.cnn.com），接入旗下广播电视节目等内容资源，为用户提供24小时的内容更新服务；其还推出了全球新闻资源整合计划（Worldwide Newsgathering），利用"多媒体处理平台Media360"，将采访信息分类并储存至数据库中，建立一种跨媒体信息经营模式，使电视、网络、广播的新闻信息可以相互流通，从而成为很多媒体效仿的榜样。此外，1996年，美国全国广播公司与微软公司联合开办了微软全国广播公司电视频道，受众既可以在家通过电视机收看有线电视微软全国广播公司电视频道的节目，也可以通过电脑上网获取在线微软全国广播公司电视频道的信息，微软全国广播公司电视频道很快就成了与福克斯广播公司和美国有线电视新闻网形成三足鼎立的重要的电视新闻台。也是在这个时期，一些在其后叱咤风云的互联网及新媒体公司开始创立，如亚马逊公司创立于1995年，美国奈飞公司创立于1997年，谷歌公司创立于1998年。

  千禧年后，网络技术及新媒体进一步快速发展，媒体融合所涉及的范围与深度都在不断加大。2000年，传媒巨头美国在线（American Online）与时代华纳集团（Time Warner）宣布合并，此举一度成为媒体融合的新典范，但其后由于文化整合不利，这一尝试在2009年宣告失败。美国在线—时代华纳的最终解体也反映出媒体融合的复杂性、全方位、系统性的交融与整合必不可少。这一时期，美国的传统媒体更加重视通过网络出版、发行数字化内容。例如，2009年，百年历史的《西雅图邮报》（Seattle Post）等纷纷停止或减少纸质发行，改为网络发行。2010年12月，美国三大新闻周刊之一的《美国新闻与世界报道》（U.S.Nevus&World Report）放弃纸媒形式，开始重点发展在线业务。2010年，《新闻周刊》（Newsweek）被出售给华盛顿邮报集团，并于2012年底停止印刷纸质版，2013年8月《华盛顿邮报》（The Washington Post）由亚马逊首席执行官贝索斯个人收购。此外，传统的广播电视集团也开始深度布局媒体融合，如2007年，新闻集团（News Corporation）旗下的21世纪福克斯（Twenty-First Century Fox. Inc）、迪士尼（The Walt Disney Company）与康卡斯特（Comcast Corporation）旗下的美国全国广播公司共同投资创建了视频网站——葫芦网，其内容包括电视剧、电影和剪辑等，拥有包括美国福克斯广播公司、美国全国广播公司、迪士尼、美国广播公司、华纳兄弟（Warner Bros）、米高梅公司、狮门公司和索尼等超过 200 个内容提供商，目前已发展成为美国前十的视频网站之一。同期，一些全新的数字型媒体及互联网公司创立，并在其后取得了超常规发展。如，2004 年，脸书（Facebook）创立；2005 年，视频网站（YouTube）成立，现已成为世界上最大的视频网站。同年，以政治类博客为主的新闻网站——美国《赫芬顿邮报》正式面世；其后一年，新闻聚合类网站 Buzz Feed 诞生。这两家网站逐渐发展壮大，形成了很大的影响力。

如今的美国，家庭宽带拥有率超过七成，同时美国成年人中的手机持有率超过九成，其中智能手机的持有率已近八成。在技术进步与用户迁移的作用下，媒体融合已从早期的互联网推动，发展为移动终端占领传媒领域制高点的新阶段。媒体融合正逐步走向全新的以数字化、移动化、社交化为特征的"沉浸式的媒体"时代。

在"浸媒体"时代，美国报业、有线电视、广播和数字新闻等几个领域的发展现状如下：

1. 报业呈现结构性螺旋下滑趋势

总体来看，报业在数字化转型上的投入与收益仍然不相匹配。

2. 有线电视喜忧参半，加快转型

2016 年，美国大选效应助力福克斯新闻台，有线电视新闻网和微软全国广播公司电视网扭转了近年来收视率不断下滑的势头，实现明显增长。但总体来看，各大电视网的收视规模仍整体出现下滑，哥伦比亚广播公司、美国广播公司、全国广播公司等传统三大全国性电视网也未能幸免，原因与有线专业频道、流媒体网站等新平台的收视分流有关。根据爱立信公司发布的报告，美国采用传统收视方式的观众数量逐年减少，超过 40% 的美国家庭开始转向订阅流媒体服务。为此，美国电视媒体近年来一直在加大努力，通过独立开发互联网产品、与互联网公司合作、利用强势互联网公司的传播平台，以及通过兼并收购等方式，加快推进向新媒体的融合与转型。其主要采取了几个策略：首先，"电视无处不在"战略。在技术支撑下，电视屏被扩展到了电脑屏、Pad 屏、手机屏等移动客户端上。其次，实施"第二屏"战略。实施该战略的美国电视机构，其受众数有所提升，同时这些电视媒体的网上节目视频，来自海外的点击量也实现了较大提升。最后，美国电视媒体将用户模式分化为两种，一种是维持原有方式通过有线电视付费收看的观众，一种是通过网上注册账户收看节目的观众，目的是顺应用户需求，为用户提供更多的选择。

3. 对于广播，线上广播和数字化音频已成为美国人收听广播的最重要手段

在收听方式上，美国的手机用户越来越习惯于使用智能手机作为车载设备来收听广播节目，传统的广播机构通过数字化转型留住老听众，吸引新用户，其中开发各种类型的细分"播客"成为最主要的手段。其中，美国国家公共广播近两年的转型成果显著，现已开通网站、播客、手机等多种客户端，其数字平台用户的增长弥补了传统广播听众的流失。并且，丰富了听众收听广播节目的方式。未来的广播数字化媒体会朝着移动应用继续发展，这是当下受众受移动平台使用习惯的影响所带来的。

4. 在数字新闻方面，其已成为继电视后的主要新闻来源

年轻用户和年纪大的用户在获取新闻的方式上有很大不同。在18~29岁的人群中，大部分人更倾向于数字媒体新闻。脸书等平台正逐渐成为数字新闻的重要选择和目标，社交媒体已成重要新闻源。

综上所述，政策的变革、技术的发展、用户的迁移，包括移动、无人机、新闻机器人、虚拟现实、增强现实等新兴传播技术的广泛运用及用户行为习惯的改变，不仅深刻地影响了美国传媒业的格局，还推动了美国传统媒体的融合转型如火如荼向纵深开展，加速了传媒业的转型与创新。

（二）欧洲媒体融合发展现状

与美国完全市场化的媒体竞争环境有所不同，欧洲媒体融合的进程与其奉行的"以公共事业制为主，同时兼顾商品化和市场化"的双轨制的管理体制密切相关。20世纪80年代之前，欧洲的媒体融合更多服从于公共服务的需求和国家政策的导向，处于以传统媒体主导的初级阶段。20世纪80年代后，尤其是进入千禧年后，随着信息时代来临与媒体国际竞争日趋激烈，欧洲逐渐放开了对商业媒介的管制，并相继修改了传媒、电信等相关法案，从而大大加快了媒体融合的发展进程。

1. 英国媒体融合发展现状

2003年，英国议会通过了《2003通信法》。该法案取代了1984年英国电信

法成为英国电信管制的根本大法，同时确立了英国通信办公室全面监管英国信息及传播领域的权利及法律地位。2004年1月1日，英国通信办公室正式取代原本分散于电视、广播、电信传播事业的五大管理机构，成为英国横跨信息、大众传播及通信领域的唯一且独立的统合监督管制机构。除了机构上的统一化改革，该法案还放宽了对传媒机构，尤其是商业传媒机构跨媒体所有权的限制。[①]

《2003通信法》出台后，英国媒体的融合进程大大加快。2005年，英国最大的电视运营商NTL收购无线运营商维珍移动。2006年，英国《每日电讯报》（The Daily Telegraph）探索构建了网状的采编平台，并对其报纸网站进行了重大的突破，在拓宽页面的基础上，增加了更加丰富的音频视频和记者博客资源。2007年12月，英国最大的新闻广播机构英国广播公司推出iPlayer视频点播服务，成为其在传统媒体数字化改革中的一个重要里程碑。iPlayer平台综合了英国广播公司各业务部门生产的内容，包括文字新闻、音频新闻、视频新闻、电视剧集、纪录片、专题片、原创小游戏等，为观众提供全方位、多角度的资讯信息，并从技术层面实现了广播、电视、电脑、手机客户终端与游戏机终端等平台的融合，节目创作方式和分发方式也因此产生重大转变。

2009年6月，英国政府推出《数字英国战略》（UK Digital Strategy），计划将英国打造成世界的"数字之都"，提出要改善基础设施、推广数字技术应用等五大发展目标，为英国的媒体融合实践提供了纲领性的指导和战略保障。英国"数字英国"战略推出后，数字化进程全面加快，媒体融合也不断深入。如，2011年，美国广播公司进一步推出了"1—10—4"的多平台融合转型。1即One Service（一个服务），以美国广播公司为核心的媒体服务主体；10即Ten Products（十个产品），涵盖新闻、体育、天气、教育、网络电视、在线数字广播、儿童、青少年、美国广播公司首页、美国广播公司搜索；4即Four Screens（四个终端）：电视、电脑、手机、平板电脑。2014年，美国广播公司再次推出美国广播公司Store计划及相关平台化举措，被认为是美国广播公司进入深化媒体融合阶段的重要举措。

"数字英国"战略推出后，英国报业的转型也进一步加快，努力将原有的纸质内容投放到数字内容生产之上。与此同时，英国电信与媒体行业的跨行业合作

---

① 蔡雯，黄金. 规制变革：媒介融合发展的必要前提——对世界多国媒介管理现状的比较与思考[J]. 国际新闻界, 2007 (3): 60-63.

不断发展，媒体融合创新层出不穷。2012年，以Youview为代表的网络电视平台正式推出。其是由EE、奥兰治（Orange）、T-Mobile三家英国电信运营商和美国广播公司、英国独立电视台、英国第四台等电视媒体合作打造。Youview终端不仅内容丰富，并且支持美国广播公司的iPlayer，英国独立电视台的ITVHub等，从而实现对所合作电视机构节目的随时收看。另外，Youview还开拓付费视频领域，成功实现了传统广电机构、电信运营商、互联网三者的有效融合。2016年，英国电信又引入一种新用户体验服务——BTTV App，英国电信成为英国首家推出杜比声音的广播机构，可以为用户提供沉浸式体验。

总体上看，英国的媒体融合正在向更高层次、更深入地发展，这一过程离不开政策的扶持，也离不开媒介内部自身的力量及市场的动力。

2. 法国媒体融合发展现状

2000年后，为对接欧盟的视听媒体服务及电信业的开放指令，法国政府于2012年6月推出了《数字法国2020》规划，以发展移动宽带、数字化应用和服务、电子信息企业为主题，勾勒了法国未来信息化发展的主要方向。

具体来看，在报业方面，法国报纸年发行总量于2007年达到历史最高值，随即开始下跌，在这种现实下，法国报业纷纷寻找新契机。法国《解放报》（Liberation）是法国最早建立网站的日报，2010年12月该报创办与维基解密联动的网站，搜集了包括他国外交文件在内的大量内部资料，但此举并没有挽救《解放报》之后数年订户下降并最终被收购的命运。此外，法国发行量最大的报纸——《费加罗报》（LeFigaro）在报网融合方面进展较为显著，其年发行量在三十余万份，同时费加罗报网站的点击率较高，一度成为法国仅次于雅虎网站的第二大新闻网站。

在广播电视的媒体融合方面，法国电视24台（France 24）具有代表性。该台创办于2006年12月，建台之初就采用了卫星、有线、网络三种途径进行电视节目的播出。2009年，该台推出了移动终端France 24 Live。另外该台还同YouTube等视频网站建立了长期合作关系。随后为了增强与受众的互动性，France24开通了"观察家"社区及"我的France 24"服务专区。近年来，随着社交媒体的活跃，France 24又适时地添加了将诸如脸书（Facebook）、维特（Twitter）等社交媒体的链接入口。当下，France 24电视台一边不断通过技术更新其服务内容，一边将市场拓展到国际领域，在推动互联网和传统电视平台结合的基础上，陆续开播了法语、英语和阿拉伯语频道，面向全球提供非加密的免费新闻时事播报。

此外，2006年以来，法国广播公司也在积极地推进媒体融合的转型。不仅建立起了非常庞大的网络平台资源，推进了内容生产的数字化和网络化，还通过多种方式拓宽节目的传播渠道，包括与脸书（Facebook）、推特（Twitter）、Dailymotion（法国电信拥有的、法国本土最大的在线视频网站）等新媒体平台合作，在这些媒体平台上发送内容、推介信息，并与广大粉丝互动。同时，法国广播公司还将移动互联网作为重点发展方向，推出了"法国广播公司"（Application Radio France）等互动型移动应用。

总体来看，在政策、市场、技术等因素的共同作用下，法国的媒体融合在坚实推进、蓬勃发展。

（三）亚太地区媒体融合发展现状

亚太地区范围广泛，媒体融合发展历程较为突出的有中国、日本、韩国、澳大利亚、泰国、马来西亚、新加坡等，本书对日本的媒体融合进行概述，兼顾对其他国家相关情况的简单梳理。

1. 日本媒体融合发展现状

日本与欧洲相似，对传媒业采用的是公共事业制与市场化并行的管理体制。但与欧洲相比，日本的媒体融合路径更为市场化，同时更加注重通过制定国家战略，来推动基础信息化建设，为媒体融合提供基本条件。

具体来看，2001年日本政府制定实施"e-Japan"战略，目标是2005年使日本成为信息技术的世界强国。e-Japan战略实施后的短短数年，日本便完成了宽带的基础设施建设，并逐渐把发展重点转移到互联网技术的应用与深化上。

随着e-Japan战略目标的提前完成，2004年日本政府又发布了"u-Japan"战略，用"u"代替"e"，目标是在2010年将日本建成在任何时间、地点、任何人都可以上网的环境。该项政策是基于物联网政策下的国家信息化战略，致力于将日本打造成新的信息化社会。在该政策指导下，日本信息网络建设全面升级，媒体数字化进程不断加深。

2006年1月，日本政府发布了《IT新改革战略》，提出要大力促进传媒业与通信业的结合以及信息社会的建立。① 该政策直接推动了媒体融合的发展，以手机电视为例，2007年日本政府放开了手机电视的管制。电视台不仅开通了手机频道，电视节目制作商还针对手机特性，推出了大量特色内容产品，从而实现了经济效益与品牌效益的双丰收。

2009年7月，日本政府再次发布了新一代信息化战略——"i-Japan"战略，其目标是"实现以国民为中心的数字安心、活力社会"。②

日本政府对信息化发展的推动发挥了重要作用，在政策的助力下，日本的媒体融合日益呈现出欣欣向荣之景象。尤其是报业，进入网络时代后，《日本经济新闻》领先于同行，在1996年创办了自己的网络版，将报纸内容搬上网络；其后又创办了全媒体收费网络电子版，受众可阅读该报纸早版和晚版的全部文章、图片及相关数据和博客。1999年I-Mode诞生后，《朝日新闻》《读卖新闻》等纷纷通过此平台展开手机报业务。

报业与广电业之间有着较好的合作关系，也促进了日本早期媒体融合的发展。随着新媒体的快速发展，传统媒体与互联网、手机媒体等的融合不断加深。在广电媒体的实践中，1997年初，日本第一家数字卫星电视台（Perfect TV）开始运作，接着数字直播电视台（Direct TV）开播。同时，由默多克的新闻集团与索尼、富士电视、软件库等公司联合创办的日本空中广播（J Sky B）成立，三者后来又合并成为一家。2012年，日本电视业与Facebook整合推出了"Join TV"服务，借助智能手机加强受众参与、互联。2013年推出的"摇TV"类似于微信的"摇电视"功能。2014年推出"Sync Cast"程序，使受众可以检索电视节目中的商品及购买信息。如今在i-Japan等战略的推动下，日本媒体融合的重点已落在社交网络、移动网络及智能化等方面。

2. 亚太其他国家的媒体融合现状

（1）韩国媒体融合简述

韩国的媒体融合起步较早且成效显著，IPTV、手机电视、数字娱乐等媒体融合的新兴领域处于世界领先水平。

同时，随着互联网的发展，韩国的三大电视网先后创办了电视网络平台，并

---

① 姚劲松. 媒介融合推动传媒形式产品层更新 [J]. 当代传播，2008（6）：29-31.
② 刘丹，张丽. 物联网发展分析 [J]. 职业，2012（15）：189-190.

与韩国多家社交网站合作，进而可在第一时间对观众诉求进行分析。作为新媒体时代的先驱，韩国放送公社最早开始网络化和数字化的转型，如旗下广播频道在维持传统广播服务的基础上，还添加了手机、互联网和 KONG 广播服务器等渠道。

韩国的媒体融合成就离不开政府的支持。2002 年，韩国就推出了"移动数字多媒体广播战略"，推动地面广播数字化。2004 年，韩国对《广播法》作出修改，允许进行卫星数字多媒体广播。2008 年，韩国政府颁布的《IPTV 业务法》《广播通信委员会组织法》，为其理顺监管体制、消除媒体融合政策障碍等发挥了重要作用。在政策扶持下，韩国媒体融合的网络基础设施得以构建完成，也为韩国的媒体融合带来了发展活力。

（2）新加坡媒体融合简述

新加坡的媒体融合顺应全球媒体技术的变革，并努力保持世界领先地位。2008 年，新加坡媒体发展管理局推出了"2008—2013 年新加坡媒体业的发展战略"——《媒体融合计划》，旨在用 5 年时间、投入 2.3 亿新元将新加坡打造为"新亚洲媒体可信赖的全球之都"，推动媒体产业的全面发展，更加巩固新加坡世界级媒体城市的地位。

新加坡目前较大的媒体集团主要有"报业控股"和"新传媒"两家。两家互相持股，主业分别为报纸和电视，同时业务发展均较为多元。与由淡马锡控股的"新传媒"相比，"报业控股"作为市场化的公众公司，更为强势，其媒体融合的发展也更具代表性。2006 年，报业控股开始布局新媒体的全覆盖业务。首先，其设立了数码集团，着重于消费类服务项目的规划和运营。其次，推出移动终端，于 2013 年开发上线手机 App，附带可携带文件格式（portable document format，简称 PDF）报纸，从而实现互动读报功能。其 iPad 版本上，PDF 文本可放大阅读，进一步提升了用户的阅读体验。之后，其以"手指滑动、世界在握"为宣传口号，推出四个订阅套餐，包括早报综合配套、早报平板电脑、早报网、早报印刷版。此后，其对新闻室的运作进行转型，使新闻室的运作更加高效，融合度更高。在广告方面，其积极探索对广告商的创意营销，将自我定位为体验供应商，引领数字媒体形式的广告呈现。其还通过设立新媒体基金，进行项目投资的拓展。

在电视与新媒体的媒体融合方面，新传媒则把重点放在了第二屏幕和即时互动上。其成立了社交电视小组，负责第二屏幕的及时互动，并注重跨媒体内容设计，实现传播的差异化。通过双屏互动，建立跨媒体品牌，以便更好地服务用户，并探索如网购等的新商业机会。

综上所述，放眼全球，尽管每个国家和地区在媒体融合的发展路径方面各有特色，然而以政策为引领、以互联网技术为支撑、以市场需求为牵引的大格局与大趋势基本相似。在共性方面，我们认为全球的媒体融合具体呈现了以下几个基本特征：

第一，互联网技术发展改变了传播理念，解构并重构了传统媒体的生产与传播方式，传播手段与形式日趋多样。

第二，政府宏观和中观政策的扶持，对传统媒体与新媒体的融合与转型起到了重要的引领与推动作用。

第三，新媒体向传统媒体发起全面挑战，受众与用户市场正在快速、剧烈变化，移动端正在占领传媒领域制高点。

第四，传统媒体集团自身思维模式的转型比规模扩张更具影响力，同时传统媒体对转型的迫切性、动力、执行力与路径设计等，都对其能否实现媒体融合具有重要影响。

基于上述的特点分析，不难预见未来全球媒体的融合发展将会沿着以下趋势继续进行：实现媒体与用户的深度融合；通过流程再造实现媒体组织形式的重新建构；以互联网技术为支撑推动新闻传播的媒体革命。

二、我国媒体融合的发展现状

与国外传统媒体的转型相比，我国传统媒体的融合发展已走在前列、处于世界"第一方阵"，尤其是主流媒体的新技术应用等方面毫不逊色。以下我们就我国媒体融合的发展特点及存在问题展开梳理：

"三微一端"（微博、微信、微视频、客户端）已成为传统媒体的标配。当下，微视频与通常所说的"两微一端"形成了媒体环境中新的传播矩阵，它们给传统媒体的发展带来挑战的同时也为媒体内容带来更多元、更复杂的传播方式与传播渠道。传统媒体积极采取应对的措施，逐步开展以"三微一端"为实践的"移动传播化"过程。"三微一端"的逐步出现和发展，大幅提升了信息在新兴媒体平台上的传播能力。

"互联网+"成为媒体深度融合新引擎。在2015年的中国政府工作报告中，李克强总理首次提出制定"互联网+"行动计划，推动移动互联网等技术与各领域结合。"互联网+"计划指出，"推动移动互联网、云计算、大数据、物联网等与现代制造业结合，促进电子商务、工业互联网和互联网金融健康发展，引导互联网企业拓展国际市场"[①]。就传媒而言，这意味着借助于互联网向传统媒体产业输出优势功能，在生产、互动、营销、管理等各个环节充分体现互联网思维，推动产业升级，从组织建构、生产模式、产品流通、产业体系等各方面全方位实现融合发展的创新变革。

国家政策法规为媒体融合提供了坚实保障。近几年，特别是2014年以后，政府为媒体融合提供了越来越多的政策，还相应地颁布了新的法律法规。从国家层面来看，从"三网融合"开始到今天，我国的媒体工作者一直在探讨独特的媒体融合道路。在这样的一个特殊时代和产业背景之下，我们有必要关注融媒体的特殊性，不要泛泛而论，其中最重要的就是认识融媒体发展和建设的实质：这已经是旧媒体从矛盾冲突到博弈竞合再到纵深融合的最新阶段，所以它不是一个简单的替代过程。因此，融媒体并不是偶然出现的社会风潮，是媒体融合进入纵深阶段的表现。同时，应该认识到，融媒体的力量是不可小觑的，其具体的建设方案应该包含这样一个问题：在探讨融媒体的时候，应该有跨界思维，跃出传统媒体之外去审视相关概念，朝大数据、云计算、人工智能等层面练习结合，真正实现从内容、传播和变现多个层面来改变我们的传统媒体效能。近年来，加强新媒体版权保护成为媒体主流共识。2015年12月22日，国务院印发《关于新形势下加快知识产权强国建设的若干意见》。意见明确，深入实施国家知识产权战略，深化知识产权重点领域改革，实行更加严格的知识产权保护，促进新技术、新产业、新业态蓬勃发展。意见指出：加强互联网、电子商务、大数据等领域的知识产权保护规则研究，推动完善相关法律法规。制定众创、众包、众扶、众筹的知识产权保护政策；支持探索知识产权创造与运营的众筹、众包模式，促进"互联网+知识产权"融合发展。

融媒体的内容生产与传播能力明显提高。主流媒体发挥内容资源优势，比如，2017年的春节，《最牵挂的人》《小账本连着大情怀》《厉害了，我们的2016年！》

---

① 彭木根.物联网基础与应用[M].北京：北京邮电大学出版社，2019.

等多个视频短片在互联网上点击量均在亿次以上。这些作品是对落实新闻舆论工作座谈会精神的形象总结，也是对今后融媒体产品创作的一个很好的启迪。

融媒体新技术催生着媒体进化并革新着新闻生产与传播方式。大数据、云计算等技术运用到全媒采编平台构建之中，移动直播、H5应用等技术在采编制作环节普遍采用，机器人写稿、无人机采集、虚拟现实等技术从无到有，实现了突破。简单来讲，融媒体主要是围绕着融媒体中心"策""采""发""审""管"的全业务流程而设计的信息系统。在分析融媒体的系统构成前，需要先理解融媒体中心的业务流程。

1. 策，指新闻题材的策划

事业单位不同于民营企业，更注重稳定和流程。所以在每次正式的新闻采访前，要先进行一个策划的过程，之后通过系统上报给主任甚至是台长进行审核，而这个过程在系统的产品层面会关联到2个内容：流程和编辑，流程主要包括审核流程，细节内容则涉及审核过程中的回退、再提交。编辑则主要是富媒体编辑工具，一般通过内嵌的方式进行接入，不过目前市面上的产品都会涉及一个盲点：报纸的编辑。过往时代的报纸多用一套单独的系统进行编辑，很难嵌入到富媒体编辑工具内。所以大多的处理方式都是依旧在方阵进行编辑，这里都只是走流程进行文字、图片、视频的入库留痕。

2. 采，指新闻内容的采集

通俗讲就是记者出去采访，获取事件信息、图片、视频的素材。在这个步骤，业务上主要的要求是快速和稳定。在记者通过摄像机采集完素材后，能快速将图片、视频等素材稳定地回传到电视台进行新闻编辑，达到第一时间发布的目标。需要注意的是，这里会有几个问题：首先，出于安全性考虑，电视台目前大多采取本地化的系统设备，网络层面无法直接回传到电视台本地的素材库内；其次，摄像机拍摄的素材和人们用手机日常拍摄的素材不一样，首先从分辨率来讲，摄像机的素材现在追求高清晰度，从分辨率就决定了素材的内存占据量非常大；最后，如果不考虑大小，以通信软件回传，则很难满足官方素材的质量要求，并涉及上传、编码、解码的技术过程，即便最后回传了素材，也会压缩素材质量。

3. 发，指的是将已经编辑的内容进行发布

只不过在发布前需要先进行审核，在目前的融媒体行业内有"三审三校"的

说法，即在发布前需要三次审读，三次校对。在发布的流程里，系统的功能难点在于一键发稿。受限于前文提到的多渠道多平台，所以如果以人工的形式去每个渠道发布的话相当耗时耗力。所以发布的工作在业务层面进行系统辅助是必不可少的。

4. 审，即发布前的审核

一般是编辑完成后上报到主编二审，然后台长三审。审核完成后再进行发布。这里和出发采访前的审核类似，只是审核的重心不一样。前者主要审核话题是否能批准采访报道，后者主要审核稿件、视频内容是否存在问题。而这里审核不会有太多的终止流程，更多的是多次打回，进行打磨修改的过程。这里重视信息的交互和修改的即时性，且需要修改后把如报纸渠道的内容快速同步给电视、新媒体渠道，避免口径不统一，传播有误信息。同时，这个过程中，哪些信息需要同步，哪些只是因为不同渠道的排版修改，不需要同步，则需要人工智能之类的技术去辅助判断。

5. 管，即管控，是流程节点里的最后一项

其主要是对发布的信息进行监管控制，用户在看到官方的信息后，下方的留言评论是否存在问题，或者发布后才后知后觉地发现内容有一些问题需要紧急处理等。这里主要考虑获取第三方数据、舆情监测、数据爬取等。

在 2017 年两会报道上，新技术的运用对人们获取的方式产生了极大的影响，人工智能写稿表现非凡，各大媒体也纷纷利用移动网络直播，李克强总理的政府工作报告文本上，首次出现了二维码，缩短了观众与新闻报道间的距离。

第二章　融媒时代的新闻传播者

作为新闻传播活动的第一大要素，新闻传播者是新闻传播信息内容的发出者，直接影响着新闻传播的过程。本章即对融媒时代新闻传播者的相关内容进行简要阐述。

第一节　融媒时代新闻传播者的角色定位

融媒时代，新闻工作者在社会中有着非常突出的地位，对人们的社会生活有着深刻的影响。对于新闻工作者的角色定位，主要包括以下几种观点：

一、新闻信息的守门人

从学理意义上讲，"守门人"一词来自美国社会心理学家、传播学奠基人之一的库尔特·卢因，他在1947年撰写的《群体生活的传播管道》中指出："信息总是沿着包含有'门区'的某些管道流动，此时此地，或者根据公正无私的规定，或者根据守门人的个人意见，决定信息或商品是否允许进入管道或继续在管道里流动。"[①]其后，这一概念进入新闻传播领域，并得到发展。

1950年，传播学者怀特将"守门人"概念引入新闻传播的研究，发现在新闻报道中，新闻机构组织成为实际中的守门人，他们对新闻信息进行取舍，决定了哪些内容最后与受众见面。

"守门人"模式为新闻机构的新闻稿选择过程的研究提供了基础，但由于过于简单而受到了一些批评，并且它给人们这样一个印象，仿佛不断地、自由地流动着范围广阔的新闻，这些新闻只得用适合某些报纸的方法加以选用。也就是说，这个模式只考虑已经成型的新闻稿件的取舍，而没有考察事件在成为新闻的过程中所必须经过的选择。尽管如此，这一模式对"守门人"概念的运用仍产生了深远的影响。

1959年，麦克内利进一步发挥和拓展了"守门人"概念，并由此提出了新闻流动模式。在新闻传播过程中，守门人情况很复杂，如守门人是多层次的，还存在与接收者互换角色的现象，守门人任务除了选择、拒绝，还有反馈。对于这些情况，麦克内利的新闻流动模式都考虑到了，对新闻传播活动过程的分析也就更为细致，因此也丰富了"守门人"概念。但是，同怀特一样，麦克内利的新闻流动模式也不考虑新闻工作者对事实本身的最初选择，把"有新闻价值"看作理所当然的，于是，通讯社的记者也被当作主要的信源，这显然无法把新闻传播过程的全貌描述出来。

---

① 陈霖.新闻传播学概论：第4版[M].苏州：苏州大学出版社，2013.

1965年，盖尔顿、鲁奇另辟蹊径，分析了社会事件具有怎样的特点和因素才有可能被守门人选中并送入传播媒介与受众见面。他们注意到，日常事件成为媒介图像（新闻）的过程中，守门人会以一定的标准决定取舍，这个标准并非主观和随意的，而是具有客观依据和系统性，他们指出了九个方面的因素（图2-1-1）。

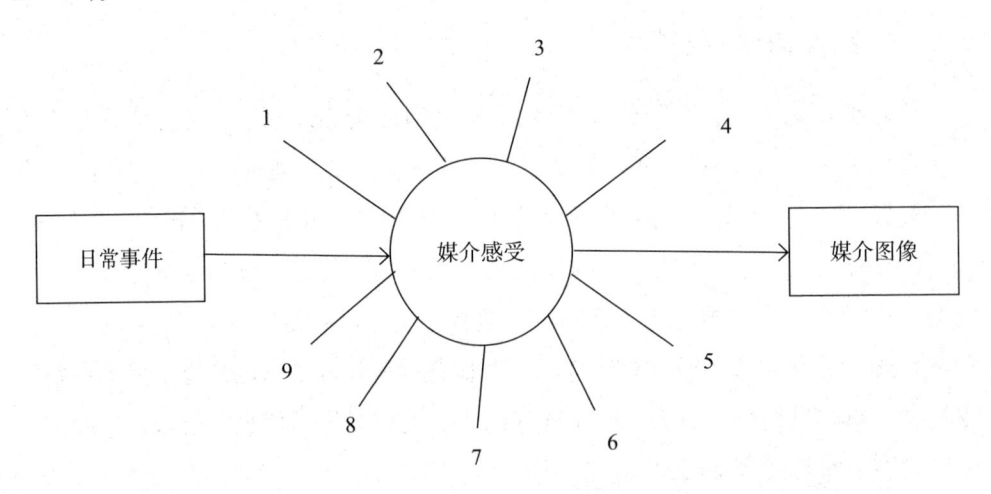

图 2-1-1　"守门人"取舍标准示意图

1.时间跨度；2.强度；3.明晰度；4.文化接近或相关；5.一致性；6.突发性；7.连续性；8.构成；9.社会文化价值观念

这一研究注意到了守门人的选择行为的复杂性，因此给新闻价值的研究带来启发，但未涉及守门人的其他方面。

1969年，巴斯提出了新闻流动的"双重行动模式"，将新闻传播分为新闻采集与新闻加工两个阶段，注意到了守门人的差异（图2-1-2）。

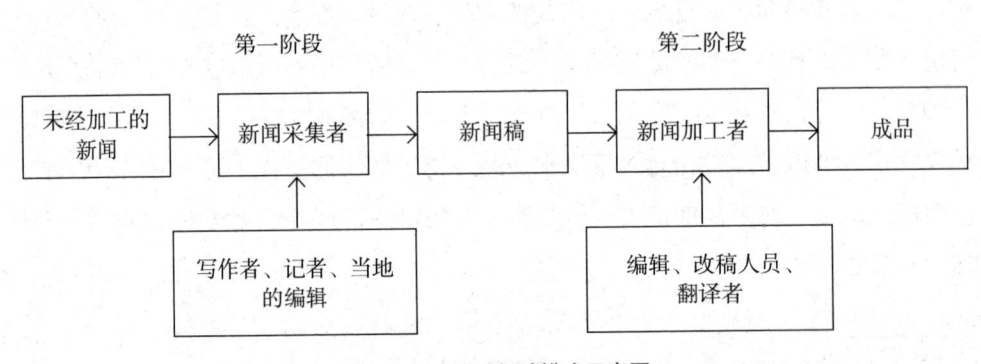

图 2-1-2　双重行动模式示意图

新闻采集者首次守门,将"未经加工的新闻",即客观发生的事件,制作成(写作、摄录)新闻作品,即形成新闻稿,这是第一阶段。新闻加工者(编辑、翻译等)再次守门,对第一阶段形成的新闻作品进行修改,并将它们合并为"成品",传送给公众,这是第二阶段。相关研究者认为,这个图示对研究新闻记者的活动非常有用,两个阶段的划分有助于将两部分人分开:一部分是最接近信源和最倾向于信源的人,另一部分是那些就守门行为的意义来说,更为实事求是地工作,对流入的新闻内容进行挑选修改和剔除的人。

从以上关于守门人的理论研究可以看出,新闻工作者在传播新闻过程中需要对新闻事件进行选择与放弃、修改与加工,这样就决定了最终受众将看到什么样的新闻。在此过程中,新闻工作者扮演的是守门人这一角色,这也就意味着新闻工作者对整个社会的信息环境要担负很大的责任。如果没有相应的规范制度,新闻工作者作为守门人失责,导致各种有害信息流向社会,那么,这将严重损害社会公众的精神和物质生活。作为新闻信息的守门人,新闻工作者在对新闻事件进行选择、取舍、修改、加工的时候,应该要确保新闻信息符合新闻传播自身的规律,有利于新闻媒体自身的健康良性的运作;符合国家、社会、民族和人民的利益,有利于人民群众的物质生活和精神生活。

上述关于守门人的理论研究也表明,守门人在行使自己的角色功能时是有系统性的,需要在高度控制的组织之中执行、完成,而且在每一个环节中执行时总要服从一定的守门指令,以此确保受众接收到特定形式的新闻内容。在现代,新闻工作者具有高度组织化特征,因此守门与新闻传播的整套程序存在密切关联。

需要指出的是,新闻工作者的守门人角色活动是有一定限制的,即限于新闻传播活动内部。这主要基于以下两点原因:

第一,新闻工作者的守门行为受制于新闻传播之外的一些条件,它并不一定都是自身作出的。

第二,如果把新闻工作者的守门人角色功能行使范围扩大到新闻传播活动之外,不着眼于新闻工作者活动的社会关系,那么就会泛化守门人的概念,使其定义变得不确定。

二、社会交往的中介者

作为社会交往的中介者，新闻工作者要搜集社会各个系统、各个阶层的信息资源，对其进行加工，制作成新闻，最后传播给受众，从而使社会各系统之间得到沟通和联系，协调分工与合作，应对新情况，确保了整个社会系统的均衡得以良性地运作。而各系统不可能有更多的精力、财力完全独自搜集其他系统的信息，新闻工作者刚好可以担当此重任。由此也可以看出，新闻工作者自身并不能产生、创造新闻，而是在新闻和新闻源中间起着桥梁和纽带的作用。由于这种中介性，新闻工作者要维持自身的存在，就必须依赖和运用社会各个系统的新闻资源；由于这种中介性，新闻工作者通常被社会各个系统、各个力量视为于己有利的工具，成为他们的公关对象。

新闻工作者的活动实质上是构建社会交往的空间，不是为少数人和强势集团的利益而运作，更不是专权的传声筒。新闻工作者把不同系统、不同阶层的信息汇集到公共空间里，各种信息得到传播、交换，并形成一定的社会舆论，向所有公民开放。作为社会交往的中介者，新闻工作者既要对上层负责，也要传达底层的声音。

社会各个阶层、各个利益集团之间总存在着各种各样的冲突意见，新闻工作者就是要为这些冲突意见提供展示的平台、空间，使之得到公开的讨论，取得平衡，甚至达成一致，以此维系社会交往的正常进行。新闻媒体关注、报道、评论社会热点事件，向公众展示不同的声音，凸显了社会问题，并促使人们对问题进行思考，促进制度的完善。可见，新闻传播可以有力地推动现代社会形成强大的舆论，进而影响人们的思想和行动。如果一个极有可能引发舆论声势的事件没有引起新闻媒体的关注和传播，那么，相应的舆论就可能淡化乃至消失。

需要注意的是，作为社会交往的中介者，新闻工作者还面临着一个客观存在的矛盾，即媒体报道的事件总是少数的，这少数的事件在得以报道的同时，无疑也得到了放大。放大后的事件更容易引起社会的关注，但也威胁了新闻工作者中立与客观的准则。在选择新闻事件的时候就已经不够客观，新闻工作者对此如果缺少必要的自觉意识，不注意平衡，那么势必要模糊其中介者的角色。新闻工作者只有如实地、准确地沟通信息，保持良好的信誉，才能正常展开中介活动。因此，新闻工作者一旦传播虚假信息，不管是有意的还是无意的，都会降低其公信力。

三、民众生活的服务者

新闻工作者是民众生活的服务者，这具体表现为以下几个方面：

（一）为民众提供生活信息

新闻工作者有责任和义务及时地报道关系民众生活方方面面的信息，为民众生活提供便利。与民众工作、生活密切相关的天气、空气质量、水电气供应、医疗卫生、教育、就业、物价、汇率、工资等，新闻工作者都应该及时告知民众这些方面出现的变动信息，使之作出相应的调整。因此，生活信息也就构成了新闻传播活动的不可或缺的内容。应该看到，新闻媒体提供生活信息不限于实用性的信息，还应该反映民众生活的各个方面，报道民众生活中的困境、麻烦，为社会上的困难群体发声。

（二）为民众提供知识信息

新闻工作者总是报道各个领域的最新事件和最新变化，而为了让民众更好地理解这些新闻事件，同时又常以专家访谈、背景资料、专题讨论等方式向他们普及、提供相关的领域知识。这些知识包括方针政策、法律法规、科技新成果以及涉及现代生活的方方面面等。

需要注意的是，新闻工作者不可能具备所有领域的专业知识，除了自身努力提高知识水平，培养、提高相关领域知识的检索能力，更多的是依赖专家消息源。此外，科学领域本身或某行业的专业知识是很抽象的，这令受众对其难以理解、接受，因此新闻从业也要做好"转化"工作，使知识性信息通俗化，易于接受。

（三）为民众提供娱乐信息

文化娱乐是人类生活的一个重要内容。随着物质生活的不断丰富，人们对精神生活有了越来越高的要求。在现代新闻传播中，传播者总是凭借各自的特点，积极为受众提供娱乐方面的信息。就纸介媒体而言，其利用自己文字表达和易于保存的优势，通过副刊和文娱、体育专版、专栏去满足读者在文体娱乐方面的需要，如《足球报》《体坛周报》等都曾创造了新闻业的奇迹。新世纪创刊的一些报纸和杂志，同样十分重视文体娱乐新闻。如《东方早报》《新京报》等在文体娱乐新闻的报道上，都形成了自己的特色。

需要注意的是，新闻传播者对娱乐信息的提供，同样应遵循新闻报道的一般准则，并控制其在新闻整体中的比例。新闻传播者提供娱乐信息，不能等同于新闻的娱乐化。

新闻传播者角色功能的发挥需要相应的社会条件的支持，最重要的社会条件是民主与法治。只有在民主的政治制度下，新闻传播者才能担当上述角色，也只有在民主的政治制度下，新闻传播者的角色才能发挥其功能作用。新闻传播者要正确适当和充分有效地行使自己的角色功能，离不开法治。一方面，法律规定了新闻传播者的合法性地位，规定了其活动的合法性边界；另一方面，法律为新闻传播者的权利提供了保障。

四、生存环境的监测者

在原始社会，人类的生活方式是集群而居，其生产劳动和社会性劳动都是集体进行的，为协调行动、趋利避害，需要随时了解并交流外部信息。这也就是最原始的新闻传播活动。从这个角度来看，新闻工作者最初扮演的角色就是监测生存环境，而随着人类社会的发展，这一角色功能的作用愈加突出。现代新闻事业的发轫者之一邵飘萍曾说过，记者特别是外交记者，其角色功能就相当于社会、国家、世界的耳目，监察人类社会的各种新事实表现。归结起来，新闻工作者作为生存环境的监测者这一角色功能具体表现在以下几个方面：

（一）记录和报告各种灾难

新闻工作者对人类生活中的各种灾难总是保持着很高的敏感度。当地震发生的时候，当民航飞机失踪的时候，当发生绑架事件、恐怖袭击的时候，当发生海啸的时候，当发生洪涝灾害的时候……事发地总会出现各个新闻机构的记者，他们紧张忙碌地了解事实情况，关注事态的发展，并及时发回报道。新闻工作者总是在尽可能短的时间内向受众传递事态变化的情况，使其获知最新的信息。

（二）实施新闻舆论监督

新闻舆论监督是指新闻工作者通过新闻媒体的报道、评论，针对国家、政党、社会团体、公职人员的公务行为以及社会上一切有悖于法律和道德的行为进行曝光、揭露、批评、抨击时弊，抑恶扬善。如果一个国家的民主政治氛围浓厚，那么，其舆论监督通常具有这样的特性和优势，即公开透明、快速及时、影响广泛、揭露深刻等。舆论监督没有强制力，但深刻影响着政治、经济和社会生活。

需要指出的是，并不是新闻工作者本身发出了新闻的舆论监督威力，而是新闻工作者所表达的民意，以及使民意得以表达的相关民主制度保障。公共权力只有公开了、透明了，人民的知情权、言论自由权才有可能实现，才可以实现参与国家政治活动的权利和自由，监督公共权力。在此框架内，新闻舆论监督才得以实施，也才能发挥新闻工作者的监督功能。

（三）预设可能到来的危机

当危机即将发生时，新闻传播者应对其动向进行及时报道，引导受众做好防御准备。就台风而言，新闻媒体应配合气象部门，及时预报台风将至的消息，包括台风的行程、危害程度、抵御措施等。当然，新闻传播者对社会的预警不限于自然灾害，也涉及社会危机，方式也不仅限于新闻报道，还可运用新闻评论。

第二节　融媒时代新闻传播者的权利与责任

一、新闻传播者的权利

传播者的权利可以分为一般权利和专业权利。一般权利是由各个国家的宪法所规定的权利，主要指普通公民都享有的传播权利：言论权、出版权、著作权、通讯权等。如《中华人民共和国宪法》第二章第三十五条规定："中华人民共和国公民有言论、出版、集会、结社、游行、示威的自由。"第四十条规定："中华人民共和国公民的通信自由和通信秘密受法律的保护。"[1]专业性权利是指专门从事传播活动的传播者的权利，如新闻传播者的权利。1980年，联合国教科文组织发表了一份当代国际传播领域最重要的学术文献——《多种声音，一个世界》，又称《麦克布莱德报告》。报告中提到了采访权、报道权、批评权、专业保密权等，"记者有采访的权利和搜集信息的权利""在新闻人员的权利当中，最为重要的就是：可以自由地接触官方和非官方消息来源，并有自由地搜集和传播消息情报的

---

[1] 全国人大常委会办公厅. 中华人民共和国宪法[M]. 北京：中国民主法制出版社，2014.

权利。""专业保密既是一种权利，又是一种义务。保密的目的在于保护新闻人员和新闻自由，使他们便于接触提供情报的人士而又不辜负公众的信赖""各国都要把新闻工作者视为平民百姓，并加以保护"。①

传播者的角色一方面决定了传播的内容、传播的形式、传播的渠道、传播的时间，还决定了传播信息反馈的处理，最后影响了传播的效果，传播者控制着传播过程的各个环节；另一方面，传播者的角色又受到所在社会基本制度对他们的控制，而他们自己又成为社会控制的一部分。

二、新闻传播者的责任

在社会媒介化的过程中，各种问题、矛盾和冲突都会被媒介集中表现出来，媒介所映射的社会现实越丰富、越真实，就说明它与现实咬合得越紧密，这样一来，很多现实中存在的问题在媒介中必然出现。所以，一切非理性的传播现象其实都是社会现实的反馈，不同的是，现实社会受到法律、道德和一切文明秩序的制约，网络媒介却并不尽如此。因此考察和研究媒介化社会的传播伦理显得尤为必要。有观点认为："各种几乎完全相反的价值要求最终会在传媒组织那里发生碰撞，建立负责任的传播模式，不是要把这些要求简单地放在一起，而是通过一个合理机制来确定各种要求的优先顺序。只有当信息传播行为发生的前提是追求公共利益取向的道德信念的时候，才会有负责任的结果。"②因此媒介化社会需要一种理性及相应的秩序，并且人们应该懂得：只有人人都生活在尊重彼此权利的环境中，才能让他们自己克服一切狂热激情，从而形成平等、温和、妥协、忍耐、尊重独立的个人价值，避免使用极端手段的社会，这样的理性社会依赖理性传播，准确地说，依赖媒介化社会中的传播主体。

（一）传播媒介组织的责任

大众传播媒介是各种传媒组织、机构的总称，它以报刊、广播、电视（西方传播界将电影和期刊也划入大众传媒之列）等为代表，长期以来都是人们认识和了解世界的窗口，尤其是在其实现专业化和现代化的数百年时间里，人们与它的

---

① 肖恩·麦克布莱德.多种声音一个世界[M].北京：中国对外翻译出版公司，1981.
② 燕道成.媒介化风险与传媒责任伦理[M].长沙：岳麓书社，2011.

关系从陌生走向熟悉，今天则变得异常紧密，无论从形式上还是在内容上，它的每一次变化都可能引起人类社会的诸多关注并产生重要影响。由于大众传播媒介存在的时间较长，且在世界范围内大众传播媒介要么已经属于比较成熟的传媒产业，有其自身完整的、商业的、高效的运转体系，要么它属于国家或政府的重要机构组成，有明确的、相对严格的任务和使命，世界上传媒机构虽然在性质、规模、内在标准和价值目标方面存在各种各样的差异，但它们也几乎共同遵守着一些基础的规范和原则，这里我们可以将其描述为共同职责，它与大众传媒的责任伦理密切相关。不过，从整体上来看，大众传媒的责任伦理源自其"社会公器"的天然属性，虽然"社会公器"的说法由来不一，但是在报刊作为大众传播媒介出现之后，关于报刊应该是社会公器的看法就已经形成，并在相当长的时间里影响着人们对后来出现的广播、电视等媒介的基本看法。

至于社会公器到底是什么，我们可以借助德国社会学家哈贝马斯在论述公共领域时的概念来理解：公共领域是我们社会生活的一个领域，在这个领域，像公共意见这样的事物能够形成。公共领域原则上向所有公民开放。公共领域的一部分由各种对话构成，在这些对话中，作为人们来到一起，形成了公众。那时他们既不是作为商业或专业人士来处理私人行为，也不是作为合法团体接受国家官僚机构的法律规章的制约。当他们在非强制的情况下处理普遍利益问题时，公民作为一个群体来行动；因此，这种行动具有这样的保障，即他们可以自由地集合和组合，可以自由地表达和公开他们的意见，当这个公众达到较大规模时，这种交往需要一定的传播和影响的手段。今天，报纸和期刊、广播和电视就是这种领域的媒介。在这一论述中，我们能够很清楚地看到，从报刊开始的大众传播媒介其实就是公共领域的代表，它们天然地带有公共领域属性的烙印，当该属性与媒介的工具属性相结合时，"社会公器"的说法便水到渠成。有学者指出："社会的含义是泛指由于共同物质条件而互相联系起来的人群。公器实际上成为工具的同义语，是一种手段，一种载体，一种媒介。但是这一工具与众不同的鲜明特征即体现在为社会公众所掌握，同时为公众利益而服务上面，具备了这样性质的工具我们才可将其称之为'社会公器'。"[①] 从这个角度来考虑，大众传媒作为社会公器存在的主要特征表现在两个方面，一个是它的公共性和公益性；一个是它的工具性

---

① 高炜. 社会公器与新闻媒介[J]. 内蒙古大学学报（人文社会科学版），2008（1）：115-118.

和服务性。而这两点也是大众传媒责任伦理的落点,下面我们依照这一思路进行简单的归纳和梳理。

1. 大众传播媒介的公共性责任

如果从大众传媒发展的早期来看,由于其传播的内容、范围和社会介入度有限,所以其公共性并不突出,但当进入组织化和现代化的大众传播时代时,情况发生了变化,尤其是当早期的报刊上开始出现大量的时政新闻和重大的社会消息,逐步开始唤醒人们的政治、社会参与意识和民主观念,并且从不同程度影响到人们的现实生活时,人们才了解报刊存在的主要意义和现实价值,因此以报刊为代表的关于"公共领域"的讨论在一个多世纪前屡见不鲜。今天,人们普遍认为大众传媒的最大作用就是为大家发表意见,尤其是针对社会重大关切发表意见提供场所,只要意见是针对大家共同关心的问题,关系到大家共同的利益,那么就具备在公共领域讨论的必要性,当公共决策符合公共利益时,就会得到拥护与实施;当公共决策有损公共利益时,就会受到批判或约束。在这一伦理层面,我们可以据理排斥大众传媒中大量的隐私性质的、个人性质的话题,即便它可以引发关注,提高发行和收视率,但因为它们不具备公共性,所以不存在被拿来讨论和占据其他人精力和时间的必要特质。因此,尽管我们有时候会看到传媒的公共性与功利性在某些时候处于对立状态,但对于负责任的传媒组织来说,其价值建构一定不会是仅以传媒市场反应为基准的,而是在涉及复杂的价值判断和规范时依然能够为公共性服务。对于媒体人及其所在的媒介应该具有的公共服务特性,有学者这样认为:"媒介应当在其社会责任的基础上开展自己的业务……因此其基本内涵是为政治制度服务、启发公众和保卫个人自由、为经济活动服务要从属于为政治制度服务、提供'好的'娱乐和不能将所有媒介绝对置于市场化运作之中。"[①]

2. 大众传播媒介的公开性责任

大众传媒要成为信息和意见的流通领域,必须先具备一个前提,就是让它们都能被看到,有学者说:"由于'社会公器'在于维护社会的公共秩序与保护社会公共利益,这就要求所有的'社会公器'在运行中坚持公开性原则,如'社会公器'要求政务公开;规定的制定、实施、监督公开等。只有这样,才能为公众的

---

① 南山. 青少年媒介素养与媒介权利[J]. 中国广播电视学刊, 2010(10): 37-38.

使用'社会公器'以及减少公器私用提供可能。"[①] 过去，信息和意见的公开发布不仅需经过相对复杂的筛选和检查，并且也囿于传播媒介的性质、功能、目的和宗旨的种种不同，所以对媒介来说，合适的信息和有用的意见就可能被公开，但是对媒介来说没有太多价值的信息和意见则不会被公开，很显然这种评判信息和意见价值的终审权力控制在各种大众传媒手里，可这些传媒并不能从整体上全面代表所有人的看法，包括所有人的价值倾向，因此，信息和意见的公开在过去始终只是部分的公开，有选择性地公开，并不意味着全面的公开，但只要能够进入公共领域，能被大家分享和交流，那么已经公开的这一部分就获得了相应的存在价值。所以关于大众传播媒介的公开性责任伦理在于：尽可能地让足够多的信息和意见通过媒体表达和反映出来，尽可能地去拓宽和发掘人们发表意见的渠道，容纳最大容量的信息、意见和声音，并让尽可能多的人能够方便地看到这些内容。这既是媒介自身的责任，也是媒介本来的使命，对于大众传播媒介来说，这是它们区别于其他社会组织机构的工具优势，或者说这也是它的社会服务性特征的表现。在今天，我们很庆幸有了新媒体，这让信息和意见的公开变成了非常简捷的事情，但同时我们也需要看到，人们对信息和意见的公开有了更高的期望，因为社会的媒介化，强化了人们对于信息的质量要求；身处全球化大格局中的人们对信息需求在整体性、结构性和层次性上更加丰富且深刻。而承受信息超载压力的焦灼中的人们需要简约精要的信息产品以使他们对于世界的把握更加经济节省，更加富于效率。事实上，人们在自主意识、表达意识极大增强的同时，期待着秩序和引导，期待着简约和明快。因此，提供人们在不对称的社会认知中的关键性信息，便成为传媒的一种责任和价值。

3. 大众传播媒介的公平性责任

法律和道德的存在是维持社会公平的一个底线和标准。而传媒组织的公共性决定了其职责在于促进和维护社会公平正义，但它的角色并不是代替法庭或者充当警察，而是作为信息传播的组织者，尽可能使信息传播符合大多数人的意愿并将公平正义推入人心。当大众传播媒介作为社会公器工具存在时，其推进公平性的主要手段就是保证意见的多样性，甚至一定要保证对立的、针锋相对的意见同

[①] 黄基秉，向妍.新闻媒体与社会公器辨析[J].成都大学学报（社会科学版），2009（3）：68-70，87.

时存在，这是大众传播媒介维持社会公平的最重要手段。因此，大众传媒领域的公平性伦理就表现在不排斥、不打压、不藐视各种意见，不论它是主流还是支流意见，一律平等接收，"信息自由流通的平台""各种意见发表的空间"等说法的真正意义就在于此。此外，媒体推进公平性的责任也包括不为利益所动，按照平等、先后有序、不偏袒、不漠视任何人的原则去对待每个人的合法权益等。

综合而言，传播媒介的责任伦理是一个比较复杂的认识体系，以上谈及的只是基础。早在20世纪，社会责任理论便提出了传播媒介自身在社会中应该承担相应的义务和职责，但具体来说其内容涉及面比较广泛，因此所需遵从的伦理规范相对复杂，尤其是当以各个国家和不同社会的具体法律、公共道德为定义标准时，媒介伦理也就有了较多的差异。有观点认为："传媒责任伦理是一个'不单纯的混合物'，是传媒服务于公共利益的责任，是建基于公正价值的责任，是内塑于道德信念的责任。它是由传媒组织的角色身份以及由传媒组织被授予的权利和所承载的义务决定的、在民主政治环境下，其传播行为最终应向公民服务，必须考虑作出信息传播行为的可能后果，并为其承担责任。"[1] 然而，从最基本的规范层面来看，大众传播媒介的责任还是对"社会公器"这一工具论的皈依，这种蕴含着服务公民的社会公器的责任伦理可以有效地为传播媒介在"应该如何行为"诸方面考量中提供价值信念上的共识。从某种意义上来说它是为了维持合理的规则，修正或改变某些不合理的规则和存在，这种不合理并不针对个体，而是具有一种普遍性，同时我们还要看到，各大众传播媒介组织内部有的媒体从业人员，他们的有序合作在整体上构成了宏观的传播行为，"这种行为具有一种无法归诸或还原为任何一个个体行为的独特特质，也具有无法由个体能承担的独特效果"[2]。所以，这里对大众传播媒介的责任伦理探讨，是组织责任的探讨，即将其视为社会的某一部分有机构成，这使其与个体责任主体区分开来，实际上，传媒组织机构超越个体的行为能力决定了它们也相应承担着个体责任无法替代的集体性的责任。

---

[1] 燕道成. 媒介化风险与传媒责任伦理 [M]. 长沙：岳麓书社，2011.
[2] 王天定. 谁的责任、向谁负责、负什么责任——浅议媒体社会责任的概念及特点 [J]. 科学·经济·社会，2007（2）：126-128.

（二）传媒从业者的责任

诚如上文所说，大众传播媒介的责任伦理属于整体的、宏观的认识范畴，或者说它体现为传媒组织的生存和发展之道。对于传媒组织内部的成员即媒体从业人员来说，它是有影响力和一定的约束力的，但并非强制力，也不能对从业者产生更为具体的管束和制约效果，因此如果转而研究传媒从业人员的责任伦理，我们会发现它既与传媒组织的责任伦理存在很大联系，但也有诸多区别。传媒组织发展的合理化和有序化，需要媒体从业者的责任伦理作为基础，但由于东西方不同的用语习惯，我们将媒体人的责任伦理称作媒介工作者职业道德。不过，从伦理学的角度来看，传媒从业人员的责任伦理不仅仅指职业道德，而应该更多地体现为个人道德、职业道德以及社会道德的三者合一。"传媒从业者个体是消除传媒失责的主要力量，他们的积极性如何，从某种程度上影响着消解传媒失责的成效。传媒从业者个体的道德状况，特别是他们的主观能动性发挥得如何，以及如何发挥他们的主观能动性，都将直接影响到传媒失责的消解成效，关系到传媒人的价值目标的实现。"[①]

1. 媒体人的个人道德责任

媒体工作者首先是一个普通人，其行动受思想支配，其个体行为对整体机构所产生的影响可大可小。从"媒介控制因素"的讲述中，我们非常清楚，媒体工作者个人不同程度地主导和控制着传播活动的方向、过程和结果。其中，他们的责任感和道德感是构成传播媒介责任伦理的基础。例如，传媒组织的公共性，要求媒体人将寻找公共性话题和挖掘公益性内容等作为自己的一大责任，这种观念反映到大众传媒的内部则是：报社、广播电视台等大众传播机构的媒体人都将反映社会现实、直面冲突矛盾等作为自己的主要工作内容，他们所承担的是反映社会问题、维护公平道义的责任。如果媒体人道德感强，则会主动地承担相应责任，无论是通过事实关注、真相披露、追踪调查，还是通过其他手段，媒体人秉承自己的为人道德以及理想信念才能进行到底，才有可能去推动所在传媒组织的发展。相反，如果媒体从业者自身的道德素质出现问题，那么他们则会选择逃避自己应该承担的责任，更不会主动反思自我行为来进行道德调控，有时他们做不到自我约束和控制，任凭欲望控制自己，有时则做不到自我解放和突破，表现得脆弱和

[①] 燕道成.媒介化风险与传媒责任伦理[M].长沙：岳麓书社，2011.

胆怯。无论哪种情况，其实都属于逃避责任和推卸责任，也属于不能坚持独立的人格，不能坚守个人道德。如此一来，媒体人个人道德的空缺势必架空传播媒介的责任伦理，并使其流于空洞。

传媒从业者的道德来源于人类社会庞大的道德伦理体系，与人类所有美好的品德特质都有关系，但是从传播媒介组织的发展需要这一角度而言，其对传媒人个体所提出的道德要求主要包括诚实求真、人道正义等，这些对于传播媒介来说，比其他道德品质显得更为重要。

诚实和求真，涵盖着对媒体人诚实地反映世界，传播事实真相的信念和道德要求，同时也体现了责任伦理当中"对他人负责"的基本诉求。在传播媒介这一领域，"真实"无疑是立命之本，而传媒所表现出来的真实正是依靠一个又一个媒体从业者通过自身追求和坚持"诚实本真"这一道德品质而得以保证，虽然传媒组织和机构各自的主要功能和服务方向存在差别，但只要是存在传播活动，就必然涉及如实反映各相关领域信息这一基础性内容，诚实意味着不欺瞒，求真意味着追寻真理，具体来说媒体人需要对信息的有无、真假、准确等关键要素进行核查，对事情前因后果、细枝末节等进行合乎实际的记录和追溯等来保证媒体人在整个传播活动中的信息品质和可信度。如果专业的传播者在传播活动中不考虑如何最大限度地接近真相，不清楚错误的报道可能带来的灾难性后果，那么他就丧失了作为一个媒体人的基本品格。

人道和正义，也是媒体人应该具备的道德品质，或者说这样的从业者更为传媒界所需要。传媒从业者的人道是指能够尊重人、理解人、真正关心他人的内心世界，了解他人的艰难困苦，从而维护人的根本利益。通过对人类生存和发展中遇到的各种问题的关注，去诠释和表现人性，这是媒体人在世界人文精神图像中能够作出的最美的作品。同样，正义对于媒体人来说也是一个必然的道德要求。正义本来就是人类社会的基本原则，而传媒从业者作为现代社会的观察者和描述者，对正义应该有最深切的现实感受和最迫切的实践动力，无论是推动正义理念深入人心，还是揭示各种问题、矛盾、冲突，目的都是维护这个社会应有的秩序和公理，如果失去对正义的坚持，那么整个社会都会被邪恶绑架，人们的生存和发展也就无从谈起。媒体人则在这一过程中扮演着激浊扬清、革故鼎新，为正义请命的重要角色，其自身的正义感和责任感在中间发挥着极大的作用。媒体人的个人道德，其最终指向的是遵从良知，它是人在诚实、正义等基础道德责任上的升华，对媒体人来说它们意味着对正确信念的坚守。一般来说，人人都存有分辨是非善恶的基本能力，但是对于能否抑恶扬善，每个个体都存在各种各样的差别，只有人们将道德化为良知，将良知内化为信仰，那么它才能像铁石般不可动摇。

2. 媒体人的职业道德责任

职业道德是指与职业行为紧密联系的符合职业特点要求的道德准则、道德情操与道德品质的总和，它既是对从业者在职业活动中的行为提出的标准和要求，同时又是该行业对社会所担负的道德责任与义务。职业道德属于自律范围，它通过规定、守则等形式对职业生活中的某些方面加以规范。与传播媒介的责任伦理相比较，媒体人的职业道德类似于传媒行业内的集体行为规范。它有明确的约束对象——传媒从业者，他们在人类社会中属于较为特殊的职业群体，他们既是现代社会中对所有变化最敏感的一批人，也是这个社会中思想最活跃的一群人之一，媒体人其实是多种角色的合一，他们既是具有个人色彩的传播者，也是具有行业色彩的司职者，而作为司职者，他们明确地受到各传媒组织机构以及所在国家对媒体从业者在职业道德和伦理规范上的明确约束，甚至每个具体的传媒组织机构会在不同时段里对媒体工作人员提出更为精准的从业标准和要求。因此，媒体人的职业道德从过去到现在都是一个内涵丰富的话题。

如果从具体的职业道德内容来看，它们大抵会集中在如下几个方面：首先，真实、客观和全面仍是传媒组织面向所有媒体从业者提出的最基本要求；其次，职业道德的作用是为了维护传媒组织机构形象及其存在的合理性，承担其对所服务对象的应尽责任。因此帮助弱势群体、维护社会正义、进行批判监督等也是媒体人必须坚持的道德品质。除以上常见内容外，媒体人最重要的职业道德表现在他们的职业操守上，也就是职业化人格。媒体从业者的职业人格在于不以功利心来行使自己所拥有的媒介权力，这是媒体从业者的职业道德核心。不论是从过去的经验还是从当下的现实来看，人们对于媒体工作者这个职业的了解总是集中在他们与传播媒介的亲密关系上，如人们普遍认为他们是掌握着"话语权"的人，是有特殊影响力的人等，事实上，这种看法不无道理。鉴于传媒组织强大的信息覆盖能力和社会影响力，人们往往对它们具有超出其职责范围的期待，正是这种期待，为媒体人头顶上加封了一道桂冠——无冕之王，能够影响权力阶层的媒体人自身便拥有了无形的权力，而权力是可以被用来牟利的，所以在相当长的时间里，媒体从业者面前一直都有一个个的职业道德陷阱，比如通过金钱交易来传播不实消息，或者通过利益交换来掩盖事实真相等，甚至个别媒体人利用职业之便专事利己之事。然而，传媒从业者这种无视和践踏职业道德的行为正是人们最为深恶痛绝的，所以一旦出现，极易引起人们对媒体人乃至整个传播媒介组织和行业的失望。从这一点出发，我们可以认为对传媒从业者来说，他们需要告诫自己在面对各种利益诱惑或者权势逼压的过程中，勿以金钱、名誉、地位等功利标准来判断和取舍，勿以牺牲诚信、公平、客观为代价，否则他们的行为将成为媒介形象堕落和媒体责任崩溃的罪魁祸首。我们应该知道，珍惜传媒从业者的身份，捍卫媒体人的职业操守，懂得媒介权力滥用的后果，是每个从业人员应该具备的职业道德和素养。

3. 媒体人的社会道德责任

社会道德是一种最具广泛约束力、最为普遍的道德体系，亦称社会公共道德。它以人们的普遍认可、默许和遵循为基础，以服务和促进社会文明和进步为目的，旨在帮助建立合理、公平和有序的社会环境，简单来说它是从社会发展的角度对人们各种社会行为施加的道德压力，从这个意义上来说，媒体人的社会道德就是指一般意义上的社会道德，它并没有因为媒体人职业身份的不同而出现不同。从具体的内容来看，社会道德中以社会成员之间的关系的处理，社会环境与社会成员之间关系的调整等为重点，如中国作为历史悠久的道德之邦，一直推崇尊老爱幼、爱护公物、文明礼貌、讲究卫生、遵守公共生活秩序等。这些无一不包含了全体公民在社会交往和公共生活中必须共同遵循的行为准则，是社会普遍公认的最基本的行为规范。

在一般的情况下，所有人的行为或者活动都会在社会道德的框架之内进行，因为凡是超出该框架的行为都会遭到社会的指责，但是对于传媒从业者来说，由于职业的特殊性，他们可能会出现社会道德与职业道德之间的权衡取舍，即责任冲突。这对媒体人来说并不是新鲜事，而且随着媒介化社会的到来，这种责任冲突时有发生。最为典型的就是在隐私权和公众知情权之间、暴力血腥或其他不幸事件与社会人文关怀责任之间，媒体人通常很难作出两全的选择。这是媒体人在职业生涯中可能最不愿碰到的。此外，无论媒体人如何选择，我们都需要结合具体的、现实的情况去判断。比如事情的紧急、轻重程度也会对道德选择提供一定的参考标准，"事缓从恒，事急从权"这个说法就很好地展示了前人在道德困境中的一个选择标准，在紧急情况下，牺牲价值小的事物就是避免更大伤害的最佳办法。

综合来看，媒体人的个人品德、职业道德以及社会道德构成了传媒从业者的责任伦理内容。深入分析来看，社会道德与个人道德既有联系也有区别，它们一个表现为社会外在的道德要求和道德压力，一个表现为媒体人自身所具备的道德素质水平，社会道德是社会所有成员必须遵守的，而个人道德是个体自身的品德，它属于个体特有。有学者认为它们之间的联系则是只有把"社会道德责任要求内化为传媒从业者个体的需要和体验，只有在一定程度上完成道德内化的传媒从业者，才会感到自己有责任在完全不受监视和无外在压力的情况下遵行道德规范，从而促成自身道德本质力量的发挥"[①]。再来看看社会道德与职业道德的关系，既然传播媒介是社会的组成部分，那么媒体人既是"职业人"也是"社会人"，职业道德强调职业群体的集体规范和协同发展原则，当媒体人作为专业的传播者区别于其他职业身份的普通人时，其职业道德便成为人们评价这个职业群体的标准。社会道德则要求媒体人削弱其职业色彩，将自己置于更大的社会环境中，突出其作为社会成员时应该发挥的作用以及应该遵守的品行，两者之间虽存在冲突的可能性，但也只是道德价值观念的冲突，并不涉及是非善恶。从道德伦理体系这一宏观角度来看，以上三种道德分属于不同的伦理层次，各具意义，且从本质上来看它们是不存在冲突的。

（三）个体传播者的责任

相对于大众传媒这样的传播主体组织或机构来说，传播主体中出现越来越多的非职业化的个体传播者，这是一件略显意外的事情，这也是网络等新兴媒介带来的最大变化，但是我们也清楚地看到了，虽然这类传播主体在数量规模上、活跃度上、影响深度上正在不断地加大和加深，但却并不代表他们具备了类似于大众传播媒介一样的社会地位和作用力，很多时候，尤其是当他们作为个体进行分散的传播时，其力量是相对单薄的，不过问题在于当他们集合起来的时候，这

---

① 燕道成. 媒介化风险与传媒责任伦理 [M]. 长沙：岳麓书社，2011.

种由个人传播到群体传播的力量绝对不容小觑，甚至在一定程度上，在一定范围内我们都能看到他们在传播活动过程中扭转、改变、推动或阻碍事件发展等难以预料的结果。在当今社会，技术和媒介所带来的种种传播事件会让人感慨和惊讶，无论其结果好坏站在新媒体发展的第一个阶段（如果我们从互联网民用开始计算且将20年作为一个时间段的话），我们都应该及早地开始反思技术规范和人文精神之间、媒介逻辑和道德伦理之间的关系，就像媒介社会学家和批判哲学家们那样去思考。这样一来，最主要的问题出现了，我们如何用适合媒介化社会的基本规则和伦理来规范人们使用媒介进行传播的行为，并且将其作为建设文明社会和维护世界秩序的一部分，这里涉及的便是普通传播者个人，即以前我们称之为"受众"的责任伦理规范。

理查德·约翰尼斯曾指出，所有参与会话或对话者的共同伦理责任在讲真话（Truth-telling）、仁慈（Humaneness）、自律（Autonomy）、敬业（Stewardship）和公正（Justice）方面是相似的[1]。詹姆士·奥考恩则在《对大众传播者来说的受众伦理的含意》一文中对两者进行了比较。其认为两者伦理规范具有相通之处，它们包括：精确、真实、公平（讲真话和公正）；真诚地对待其他理解/相反的证据并尊重他人（仁慈）；鼓励坦率、自由。[2]

可以看出，我们过去虽然对传播者与受众都存在道德伦理约束，但是他们二者之间的责任和义务是不同的，比如说，传播者伦理多以职业道德伦理的形式出现，具有一定的强制性，甚至被法律化，另外，传播者的伦理道德的适用范围会因具体条件不同而不同，并且，传播者基本伦理在新闻传播学研究中已经基本定型。但是受众伦理却在新媒体背景下不断发展，作为信息接受主体，其自身的道德因素及其在传播过程中被赋予的道德权利和应承担的道义责任是今天新媒体环境下的受众研究的新领域，尤其是当受众的角色不再是单一的信息接受者时，受众伦理的发展也起着推动传播者伦理的拓展和更新的作用。国内有学者认为，受众在享有自由信息接受权利的同时，也被赋予尊重、保障他人和社会的信息传播自由权利的责任和义务。以上虽然是针对受众论及的伦理与规范，但是由于传播行为是人类生活中最基础的行为，所以其在人类社会伦理规范中占据了非常重要

---

[1] RichardL.Johannesen，Ethics in Human Communication.[M]. Waveland Press，1990.
[2] James Aucoin，"Implications of Audience Ethics for the Mass Communicator"[J]. Journal of Mass Media Ethics，1996（2）：78.

的地位。随着媒介化社会的到来，受众伦理规范甚至可以被看作人类普遍伦理规范中的组成部分。另外，受众这个角色不是固定的，他们早已转变为传播主体之一，因此我们所说的受众在媒介化社会中是指我们每一个人。既然如此，普通传播者的责任伦理规范在将来很有可能就是媒介化社会里需要人们共同遵守的公共道德，其内容应该属于媒介化社会基础伦理规范的组成部分。目前，对于这一问题的关注和讨论非常之多，但令人遗憾的是，绝大部分观点依然没有从传统的受众伦理框架中解放出来。因此作者以为认识和研究个体的传播者，并由此确立其传播伦理规范，首先应该将其看作一个有主观态度和意见、有传播意识和心态、有成熟的媒介经验、能够对媒介信息进行独立分析并能够担当相应传播责任的人。为此，关于传播者个人的责任伦理研究主要应该围绕以下几个方面来展开：

1. 传播动机的伦理责任

动机是人们行为的心理前提，从传播活动角度来看，人们使用媒介进行传播时都存在相应的动机，不论是分享乐趣、传递知识、告知提醒还是其他，这些动机都是人们正常的传播心理。从某种意义上来说，这些动机是在媒体自身功能覆盖的服务范围以及法律允许的授权范围之内的，它们不反常、不叛逆、不具有危险性、不存在违法的可能。正是因为这些动机是我们使用媒体的行为基础，所以我们往往忽略了隐藏在正常的动机之下或者这些动机附带出的其他欲望、邪念、执念等。有观点认为，传播行为的道德价值很大程度上取决于传播动机的伦理价值，在传播过程中传播主体实际上都不同程度地对其动机进行价值判断、推理及评价[①]。人们在传播不同的信息内容时都存在对这种行为结果的价值预判。例如，浏览新闻本是最为普通的行为，人们在网络上或者手机客户端上每天都能看到相当多的内容，这些内容来自政治、文化、经济、社会等多个领域，但是从各种内容占比来做大致分析时，我们会发现无论它们来自哪个领域，只要是耸人听闻的、前所未有的、惊世骇俗的、秘密煽情的，那么这样的新闻便会是人们钟爱的传播内容。

为什么这种现象如此普遍，其实大家多少都能猜到相关的原因。作者仅从传播动机和心理两方面来做归因陈述：第一，人们依据信息资源的稀缺属性来判断其传播价值以及效果，当传播价值够大时，人们正常的传播动机会被其他欲望和

---

① 陈汝东. 论传播受众伦理规范 [J]. 道德与文明, 2013（3）：128-132.

想法覆盖或者绑架，因此产生不合时宜的传播行为。在这里，稀缺的信息资源便是我们不能经常看到的消息或者说极少发生的事情，基于投放这类内容到人群中所能引起的巨大关注热度，人们不自主地迅速传播，这样既能享受到作为信息发布者的特殊满足感，又能套牢其他人的注意力，这属于人类所有的常见心理，同时也反映了长期以来以受众身份存在的普通民众在获得传播权利之后的一种权利释放的心态。第二，现代社会中的人想法多元，心理状况也远比过去复杂难测，因此他们存在着各种各样的传播动机和心理，比如有的人希望通过传播某一类信息来获得认可，也有的人希望通过传播一条重大新闻（哪怕这类新闻会引起社会争议或者动荡不安）来获得对事态的远瞻旁观优势抑或通过制造混乱来获得控制者的感觉等，这些异于常人的想法显然会导致传播局面的失控，也让人瞠目结舌。

在分析了上述原因之后，关于传播动机的伦理规范便有了非常明确的指向。

首先，不论是传播者还是受众，所有使用媒介的人，应该需要完善自己成为一个心理和情绪健康，能够正确认识和使用传播平台的人。在极度愤怒、痛苦、偏激或者其他负面情绪刺激下的人都可能产生不良的传播动机或者说变态的传播心理，这个时候进行传播活动可能会存在态度极端、出言不逊以及反应过激等状况。当出现上述情形时，我们应该采纳心理咨询家们提供的最为简单的办法，就是让自己安静的独处，而不是将手边的东西、房中的摆设拿来扔掉或者摔碎当作发泄，同理，也不宜将污言秽语像垃圾一般地倾倒在网络及社交媒体之类的传播媒介之上，将来的媒介社会与现实社会的重合度会越来越高，那么如果要想获得良好的媒介传播环境，首先应该从培养珍惜和保护媒介环境这一重要意识开始，就如同我们今天提倡环保，拥抱蓝天白云一样，自然环境的保护与媒介环境的保护都应该从每个人做起，从拥有良好的传播动机以及为媒介环境提供点滴网络文明开始。

其次，我们提倡理性传播，即便在特殊情况下要继续使用各类媒介来学习或者工作时，亦能够做到克制好自己的情绪，能够明确传播动机，提前判断某次传播的不良后果，从而能够理智地决定到底是否发布文字或图片等，知道该以什么样的方式来发帖或者评论，以及如何避免造成其他人不悦的发泄式传播。很多人认为在网上发泄是再好不过的方法，不会轻易得罪人，也能够将情绪全部外化出来，并且还认为不会妨碍其他人。实际上，如果将这些内容设定为私密级别或者

"仅自己可见",那么应该是不会造成重大影响的,如若传播的内容没有进行分类或者私密级别设定,一旦进入公共领域暴露于公众视野,那么这些内容不可能不对其他人产生影响。当我们在公共场合讲话、在电视媒体上露面以及接受媒体记者的采访时,我们可能都会下意识地提醒自己掌握说话的分寸以及注意措辞,避免言论不当或情绪激动,那么同样地,这种意识在网络以及其他新媒体上应该得到延伸。从道德角度看,人类信息传播的动机应符合社会道德要求,总之,我们不能带着不够善良的传播动机把媒介尤其是新兴媒介用作吸睛和发泄的个人领地。

2. 信息选择的伦理责任

"选择"是人们在传播信息前的一个必经环节,但是选择的规范经常被忽略,并且在传统媒体的环境中,所有的信息选择只是针对专业的媒体记者和编辑提出的要求。一般来说,哪些对象能够被选择成为新闻媒体报道的内容,这在传统媒体中是有明确选择标准的,第一阶梯的标准是新闻价值,这是媒体业内的一个共同标准,它们是新闻事实中所包含的一切能够引起人们关注的要素或者特征,如时新性、重要性、显著性、趣味性等,如果新闻价值标准得以满足,那么事实素材就具备了被报道的可能性。但新闻价值要素并不是决定其能被选择成为报道内容的最终标准,还需要考虑媒介自身的倾向和立场、报道的时机,在很多情况下还要考虑报道的后果等。从这些方面来看,信息的选择并非一个简单的过程,它是媒体人经过了千挑万选、反复琢磨、多方权衡、精细加工的系统工程,在这一工程中,无数事实被反复淘洗,很多报道题材被选择后又被放弃,很多采访材料被加工后又被搁置,一路披荆斩棘之后才能出现在人们面前,正是这个过程,凸显了媒体工作的专业性、繁杂性和琐碎,而上面提及的只不过是传统的信息选择工程中再普通不过的一类情况。

传统的新闻选择之所以如此繁复,有多方面的原因,但总的来说,是出于媒体报道的内容限制、容量限制、质量要求和效果要求等方面所致,媒体需要经过最佳选择的新闻素材,以传达最好的、最重要的、最为需要的信息。例如,从内容上来讲媒体要求选择符合人类、国家、民族利益的信息,选择积极健康的信息,选择有益于社会、公众、他人以及人们身心健康的信息;拒绝、抵制危害人类进步、国家安全、社会稳定、违反法律法规的有害信息;选择真实的、文明的信息，拒绝虚假的、满是污言秽语的信息；选择客观的信息，拒绝片面的信息；选择具有可靠来源的信息，拒绝谣传和流言蜚语等。这种选择的理念是媒体界长久以来奉行的，但是对广大的普通公民来说是相对陌生的。可以说，在新的媒体环境下，公众虽然掌握了传播权和媒体接近权，但对这两种权利的使用要求视而不见。在作者看来，人们在使用网络或者社交媒体进行传播时，适用于传统新闻选择的标准和相关要求同样也适用于今天的新媒体，信息选择能力其实是属于传统的媒介素养指标之一，是我们进行理性传播基础中的一部分。但不可否认，由于处在新媒体时代的背景之下，我们的信息选择伦理和规范与之前相比确实应该有所不同。

从信息选择的内容和形式规范上来看，新媒体所传播的内容和形式在很多方面都要比传统媒体丰富，只要是合乎道德的、不违反法律的内容，即便其形式非常戏谑或者不同于常规，也可以被传播。在这一点上，新媒体的优势大大超越了传统媒体，成为媒体自身优势之一。因此，信息在新媒体上的表现可以不拘一格，完全突破传统媒体所限，内容和形式选择的多样性毫无疑问给新媒体带来了活力。

从信息选择价值规范来看，它突破了传统的、主流的媒体长期以来相对单一的基调，如认为只有政治正确式的、主旋律式的才是重要的，开始允许和提倡价值的多样化、利益的多边性、观念的多元化等，由于价值规范的变化，所以人们在信息选择时感觉更自由、更轻松、更主动。

另外，从信息选择的时间和时机来看，人们可能较少考虑所选择的信息是否在当时适合传播，但是在传统媒体中，专业的媒体人却会经常考虑这一因素，这涉及人们所选择的信息是否符合当时的政治、经济、人文社会环境，也与人们普遍的心理承受能力和情感倾向有关系。举例来说，一条庆典活动的消息在国难日发布可能就会被忽略或者招来非议。

总之，信息选择伦理和规范对于各类传播主体来说都是适用的，尽管人们使用新媒体发布信息时都会进行不同程度的选择，但大多数人用于选择的时间都非常短暂，有时候几乎不假思索，在这种情形下，理性的信息选择就有了意义。中国有句俗语"三思而后行"可能并不适合今天的媒体节奏，但是其道理却适用。选择传播内容时也需要我们多一点思考，例如："这条消息真实可信吗？""事实被夸大了吗？""其他媒体也有报道吗？""主流的官方的媒体对此有什么解释吗？""我对这件事情的反应过激了吗？"等，也许就能够避免散布谣言、困扰于极端情绪等很多问题。因此，对于信息选择的伦理规范，我们可以将其认为是人们使用媒介进行传播时适用的信息筛选机制，它不同于媒介控制，并且该机制的存在不是为了控制信息的传播和流通，而是为了帮助创建更好的、更有序的信息传播环境。

3. 信息采集的伦理责任

信息采集在当代社会是一个普遍现象，依据采集主体的不同我们将其划分成两类不同的采集活动，第一类是专指有关组织、机构针对采集客体进行的有组织的信息收集行为，这类行为一般有明确的法律约束。如每个国家在各类法律法规中对于重要部门和领域的信息采集都有明确规定，我国在《国家安全法》第四章第二节对国家安全机关、公安机关、有关军事机关依法搜集涉及国家安全的情报信息就作出了明确规定，并要求情报信息的报送应当及时、准确、客观。从这一点来看，信息采集实际上早已被视为一类需要法制约束的规范化活动，尤其在信息化社会，当信息日益成为一种社会资源并可以带来相应的利益时，信息采集的规范就成了迫切需要解决的问题。例如，有专家指出，依据是否涉及个人隐私为标准，可以将个人信息分为敏感信息和非敏感信息。敏感信息是指涉及隐私的那部分个人信息；非敏感信息则被称作"琐细个人信息"，是指信息公开不会导致信息主体隐私受到不法侵害的那部分个人信息。不管如何，非法盗取个人敏感信息的行为是法律明确禁止的，也是刑法惩罚的对象。2017年初，"自然人的个人信息受法律保护，任何组织和个人应当确保依法取得的个人信息安全，不得非法收集、使用、加工、传输个人信息，不得非法买卖、提供或者公开个人信息"这一内容被提请写入我国民法总则草案。因此，无论从历史角度还是法律角度来看，信息采集的伦理与规范是一个正处在建设过程中的事情，它与国家、社会、个人之间的关系比我们想象的重要。

第二类信息采集活动是指包括媒体工作者在内的所有人获得信息的行为，它既包括新闻媒体工作人员通过采访、拍摄、咨询、录音、搜索等手段对事实原场景、原话语、原描述等进行收集、录入以及整理。在今天，它也包括了其他非专业人员利用各种可录入设备，如手机等，将事件现场还原出来，或者将有关的文字、图片、影像等信息重新搜集出来。一般来说，这类采集行为多数受到道德规范的约束，其中也有可能涉及法律禁区。例如，大家获得信息的手段以及途径不能以侵害人类、国家、民族、团体和他人的利益为代价，自然也不应侵害他人隐私。人们可以获取社会公开的、法律允许的信息，但窃取国家机密或者非正常地攫取举报人信息或者举报信息等，都有违道德和法律。

对于普通人的信息采集行为，我们看到的是大部分人目前基本停留在"文图转发""录制上传"等已经建立在公开传播基础上的简易的采集活动层面，鲜有人能够具备例如黑客或者私家侦探之类水平或者通过各种隐秘的、骇人听闻的手段进行非法采集，因此在信息采集这一环节，我们所提倡的伦理规范主要集中在对采集内容的甄别处理上，其中最需要被限制的信息包括：私生活信息（婚姻、感情等）、个人信息（身份证号、照片、身高、体重、职业、学历、家庭状况等）、暴力血腥信息、黄色淫秽信息、恐怖信息、部分不正当交易信息等。以上内容大多被纳入网络后台技术监控对象范围或者由相关部门实行针对性监管，但私生活信息和个人信息的网络传播却不在此列。就普通民众来说，他们在日常生活中也可能"无主观刻意"地获得这类信息，如果再经过随意的传播，那无疑就给类似"人肉搜索""明星私生活曝光"等非理性行为创造了机会。例如，在"人肉搜索"出现之始，点滴信息的累积效应在网络上迅速达到了类似公安机关依据嫌犯特征画出人脸的特有效果，而恰好与被搜索目标对象相关的零星特征信息很可能因为其他原因早已存放于网络，经过网络临时的目标整合与定位，这些信息被快速地搜集并传播了出去。这可能令当初的搜索者也无法预料，它竟有如此惊人的搜索速度，能带来一系列无法想象的后续结果。因此，不管人们是否在公开场合或者是否出于某种目的而获得了个人私生活信息或者个人信息，这类行为在信息采集的伦理规范中都需作出警戒，因为不经意地采集和暴露相关信息后，都有可能给其他人的生活带来意想不到的困扰。

另外，需要补充的是，"人肉搜索"最初的情形与今天人们有意识地组织搜索活动以曝光当事人有所不同，后来的参与者显然并不会理性地约束自己或者考虑相应后果，因此在关于信息采集的伦理中还需要注意的一点是，获取信息的过程中应多考虑事情发展的可能趋向，在冷静的预判下做到中止或者停止参与信息的传播，以避免集体式推波助澜，导致发生意外。这一点，对于普通的个体来说有可能难以做到，因为人们使用媒体的动机都不一样，如果一个以看客心态或者带着发泄心理来使用媒介的人获得了相应的信息，那么他可能很难理性地主宰自己的传播行为，这可以解答我们为什么最先谈到的是传播动机的理性。在传播的动机与信息的采集这两者之间，前者正好决定了后者信息采集的取向，它们接下来共同决定了信息传播的一系列行为性质。

4. 信息解读的伦理责任

信息解读能力属于媒介素养的题中应有之义，当人们接触到媒介内容时，理解和消化内容是第一步，但是由于人们的受教育程度、理解领悟能力、社会生活阅历等诸多方面的不同，所以对同一信息的体会和感受是不同的，媒介素养内容中的分析解读能力即针对提升人们自己的信息理解水平而提出。然而，不管每个人的解读能力高低如何，首先应该做到的是遵循信息解读规范，在媒介化社会中信息解读伦理规范意味着信息传播的基本规范。它不仅是针对信息接收者，更是针对信息传播者，因为在当代社会的信息传播过程中，没有人站在信息传播链的顶端，也没有人在其末端，我们每个人既是受众，也是传播者，这是媒介化社会赋予人类的双重角色。理查德·约翰尼斯在《人类传播中的伦理问题》一书中曾针对受众的责任作出过论述，其认为受众在传播过程中的角色不同，他们应当承担的道义责任也不同，如果受众被看作迟钝、被动、不设防的信息接受容器，他们就几乎不承担任何责任。相反，如果传播者与受众积极参与传播过程，传播则可以被视作一种互动，他们则互相担负道义责任。进一步分析来看，受众有责任给予传播者适当的反馈，在某种意义上说，即互动须恰当，大多数情况下，人们的回应应该是我们真正理解、信仰、感觉或判断的诚实、准确地反映。不然，传播者就得不到他们借以作出决定所需的相关准确信息。

以上观点虽然是针对受众提出，但是对于普通的传播者而言同样具有意义，因为他们在整个传播过程中道义责任更大。这是因为：信息的传播者应该是最先了解和掌握事实信息的源头，但如果他们对于事实原委的认识最开始便存在偏见，那么接下来所传播的内容便不可能客观和全面，虚假、失实、臆断等错误信息便会散播开来；再者，信息传播者如果想要让接收者准确地理解自己的意图，那么首先应该做到用恰到好处的表达方式和最易被理解的符号元素来表现出事实的原貌，这要求传播者自身能够先解读好他们所掌握的相关信息，因此传播者的责任是准确传达，不被误解；另外，今天的传播者所面临的信息环境与传统媒介环境不同，各种信息陷阱到处可见。例如，人们现在需要注意信息碎片化的特点所带来的预设话语倾向，意即我们在媒体尤其是在网络上所看到的信息大都经过了多次转述和修改，它们早已不是事实。在信息传播的每个中间环节，人们都可能根据自己的立场、判断、感觉等来对信息进行不同程度的加工，哪怕是为原始信息配一张图或者添加一条评论等，都有可能影响后来的接收者对该条信息中所包含的事实的评价，因此，对这些信息中蕴藏的各种目的保持一定程度的清醒认识是必要的。

那么，对于信息解读，我们到底需要满足什么样的伦理规范，作者认为这主要跟解读的意愿和态度有关。

首先，人们对信息的解读是一种自觉的、下意识的行为，但是每个人的行为方式却有所不同，有人愿意对信息进行耐心阅读，哪怕多花一点工夫去弄明白信息中的不解之处，而有些人的解读方式却显得颇不耐烦，阅读未毕便已生情绪，极可能没有心情全部仔细看完。这两种解读的方式和态度存在明显区别，前者应该说是保证正确解读的一个行为规范，后者却可能导致我们对事实性质的判断过早、失准。因此，信息解读需要我们先具备认真对待信息的态度。

其次，人们能否正确解读信息，有时与人们的知识水平没有太大的关系，而与他们的解读意愿存在莫大关系。我们的生活中并不缺乏刻意扭曲作者原意以及文章寓意的例子，而且有时候也不乏有人出于其他目的利用所谓科学的、专业的理论来肢解、曲解和歪解信息。在这一点上，有学者特地指出"信息解析动机应该是善的，是符合所处社会的道德规范的。同时还应切合语境，充分考虑传播行为、传播文本和信息产生时的社会背景、传授者及其社会心理因素，充分考虑传播文本的上下文，应真实、客观，应与传播者和受众自身相联系，尤其是与传播双方的社会角色关系相联系"[1]。

另外，解析信息还需要人们不断地去提高自己对人、对事、对社会、对国家、对世界的综合了解水平，这是暗藏在信息解读伦理当中的学习规范，人只有在不停地学习、观察、了解世界的条件下，才不至于对周围的人和事充满执拗的看法和无端的质疑。一般来说，个人的知识和经验越广博、越丰富，那么其解读信息的程度就越客观、越全面，个人的品德和修养就越良好、越出众，那么其解读信

---

[1] 陈汝东.论传播受众伦理规范[J].道德与文明，2013（3）：128-132.

息的效果就越精辟、越深刻。

本书在此指出，不论从哪一层面来分析传播主体的责任伦理，其目的都是改善传播环境，约束传播行为，倡导理性传播。关于传播主体的责任及其伦理的叙述并不是封闭式的，它期待更多的补充，包括更有说服力的论证，只要媒介化社会中的信息传播活动在继续，那么关于责任和伦理的内容就会在不断更新之中。

第三节 融媒时代新闻传播者的自律与他律

一、新闻传播者的自律——自身素质

在融媒时代，对于新闻传播者来说，他们要具有自我坚守的品格，要自律，这样才能更好地传播新闻，新闻传播者的自律主要包含在以下几个方面：

（一）良好的理论素质

新闻工作者的理论素质是指新闻工作者能够正确地运用辩证唯物主义和历史唯物主义的观点与方法来观察、分析事物，坚持正确的政治立场和方向，树立牢固的群众观点，深入实际调查研究，作出真实的、正确的报道的素质。理论素质是决定一名新闻工作者能否正确地履行自己职责的关键因素。具体来说，新闻工作者的理论素质主要表现在以下几个方面：

1. 具有广博的知识

新闻工作者面对的是纷繁复杂的社会现实，各个领域的社会问题扑面而来，不断变化，交叉缠绕在一起，没有广博的知识，新闻工作者视野不够开阔，就很难对新闻事件作深入地观察和分析。因此，新闻工作者要有广博的知识，广泛地涉猎各个学科的知识，包括文学、哲学、社会学、历史、地理、心理学、经济学、法学等，既要"博"又要"专"，既要"杂"又要"精"。对此，记者商恺在《致青年记者60封信》中指出，作为记者，必须具备以下五个层次的知识："第一个层次是基础知识，包括马列主义基础和哲学、逻辑学、经济学、政治学、文学、美学、语言学基础；第二个层次是专业知识，包括新闻理论知识、新闻史知识和新闻业务各个方面的知识；第三个层次是一般知识，包括历史、地理、社会学、

管理学、心理学、教育学、法学、军事学、公关学等；第四个层次是略有所知的知识，包括音乐、戏剧、美术、体育、医学、天文学、地质学、人类学、数学、物理学、化学、生物学、考古学等；第五个层次是社会知识，指要到现实社会中去学的知识，那些书本上得不到的知识。"[①] 这五个层次的知识也是新闻传播者所应当具备的，但新闻工作者除了要具备以上五个层次的知识外，还应该具备外语知识、计算机知识、新媒体知识等。

一个博学多识的新闻工作者的新闻敏感度越高，也就越能熟练地报道和评论自己所擅长的领域里的新闻事实。所以，新闻工作者要树立终身学习的理念，不断积累、扩充和完善自身的知识储备，做到厚积薄发。

2. 具有深厚的新闻理论根底

新闻理论是对新闻规律的概括，是实际经验的总结，新闻理论系统地阐明了新闻的本原和特点、新闻事业的功能、新闻工作的基本原则等重要问题，能对新闻实践产生指导作用，减少新闻工作的盲目性。新闻工作者要具有深厚的新闻理论基础，否则会对一些问题产生错误的认识，也容易走入误区。

3. 熟悉马克思主义理论

作为科学的世界观和方法论，马克思主义特别是马克思主义哲学，如关于物质和意识、认识和实践的关系，世界的联系、运动、变化与发展的道理，对立统一规律，现象与本质的关系等理论，最能启人心智。特别是物质第一性、实践第一、对立统一的观点，是认识和掌握世界的金钥匙，是唯心主义和形而上学的克星。因此，作为新闻工作者，必须懂得马克思主义理论，坚持马克思主义唯物史观，正确认识社会发展规律，正确分析国内外形势，善于透过现象看本质，只有这样，才能够提高自己的判断力，及时地识别各种错误思潮，并把报道新闻上升到哲学的高度，做到客观、公正、诚信。

（二）良好的政治素质

新闻的意识形态属性和新闻事业的职责，要求新闻传播者应具备良好的政治素质，具体包括以下几个方面：

[①] 商恺. 致青年记者60封信 [M]. 北京：经济日报出版社，1993.

1. 政治预见性

政治预见性就是政治洞察力,是指新闻工作者胸怀全局地观察、分析并解决问题的综合能力。只有站得高,看得远,具有敏锐的政治预见性,新闻工作者才能不为假象所迷惑,才能预测事物发展的趋势及结局,才能做到顺应自然,按客观规律办事,增强报道的科学性和预见性。

2. 政治敏锐性

政治敏锐性是衡量新闻传播者政治是否合格的首要标准。新闻传播者应当坚持用中国特色社会主义理论体系武装头脑、指导工作实践。要突出抓好政治信仰、政治理念、政治意识和政治品德教育,不断增强从业人员贯彻执行党的基本理论、基本路线、基本纲领、基本经验的自觉性和坚定性,真正使广大新闻传播者成为宣传贯彻党的路线、方针和政策的中坚力量,成为推进社会主义现代化建设的骨干力量。

3. 政治责任感

在新闻传播者所有的素质中,对社会的责任感最重要。新闻传播者应具有"先天下之忧而忧,后天下之乐而乐"的远大抱负,并时刻践行自己的责任。所谓责任,就是在新闻工作中自觉地把自己手中的笔和文章,与国家和人民的根本利益联系起来,正确对待和处理每一件新闻报道的负责精神和严肃态度,做到"有关大众事多做,无益国家事莫为"。

4. 政治坚定性

政治坚定性就是在任何情况下,都要坚持党的基本路线不动摇,坚持走中国特色社会主义道路不动摇。新闻工作不仅具有传播新闻信息的作用,还是社会主义制度下的思想政治工作手段之一,具有联系群众、动员组织群众、宣传教育群众的功能。这就要求每一个新闻工作者都要坚定对社会主义的信念、马克思主义的信仰和对改革融合现代化建设的信心,树立正确的世界观、人生观、价值观,时刻保持政治上的清醒和坚定,善于识别和抵御各种错误思潮的侵蚀,抵制拜金主义、享乐主义和极端个人主义的诱惑,树立强烈的事业心和高度的责任感,一切从大局出发,奋勇拼搏,淡泊名利,乐于奉献,经受住各种风浪的考验,成为一名坚定的社会主义新闻工作者。

5. 立场坚定性

新闻工作者应以党和人民的意愿为出发点和落脚点。

6.热爱人民群众

新闻传播者要具有"俯首甘为孺子牛"的情怀，要像焦裕禄那样热爱人民群众，经常到群众中去，真心诚意与群众交朋友，与群众打成一片。新闻传播者要深入人民群众生活，时刻想群众之所想，说群众之想说，真正在感情上做到与人民群众同呼吸、共命运。

7.熟悉政策方针

新闻与政策之间具有密切的联系。新闻报道要宣传政策，解释政策，还要体现政策，并且为完善或制定新的政策提供依据。政策新闻通常都具有较强的政治性。因此，熟悉政策方针是新闻传播者的一种重要素质，是衡量新闻传播者优劣的一个重要条件。这就要求新闻传播者要具有政策意识和政策水平。

政策意识是指头脑里始终要有"政策"二字，时刻讲政策，按政策办事，用政策衡量和检验新闻事实与新闻报道，而不是随心所欲、信口开河，也不是人云亦云、糊里糊涂，更不是对着政策唱反调出风头。

政策水平是指熟悉政策内容及其发展变化，理解政策准确，阐释政策正确，报道完全符合有关政策的精神，其中的提法或观点持之有据。政策是国家政权机关为实现一定时期的政治、经济目的而制定的行动准则和措施办法，与领导人的讲话大有关系，但并不等同于领导人的讲话。领导人的某些讲话，可能是政策的指导思想，可能是针对某时某地某具体问题而发的，对这个具体问题有意义，不一定具有普遍意义。

新闻传播者的政策意识和政策水平，要以国家的基本政策为准绳。

（三）良好的业务素质

1.新闻敏感能力

新闻敏感能力是新闻工作者捕捉生活变动的信息与衡量信息是否具有新闻价值的能力。新闻敏感能力是新闻工作者必须具备的业务素质。时间永不停滞，信息变化万千，再有价值的新闻信息，如果不趁势、适时地抓住，就很容易消逝。这就要求新闻工作者拥有高度的新闻敏感能力，见微知著，及时发现新闻线索，筛选出最有价值的新闻，甚至能够预测新闻事件的发生，先人一步。要做到这些，新闻工作者不仅要有天赋，还要有高度的政治判断力，勤思善虑，博闻强记，长时间游走在生活第一线，反复实践。概括来说，新闻工作者的新闻敏感能力具体表现在以下几个方面：

第一，察往知来，预见可能出现的新闻事实。

第二，平中见奇，透过一般现象发现新闻线索或事实。

第三，慧眼识珠，鉴别某一新闻事件（事物）中最重要的元素。

第四，一斑窥豹，判断某一新闻背后是否藏带更重要的新闻。

第五，由此及彼，测定新闻可能产生的社会效应。

第六，迅速判断，对新闻事实以最快的速度作出新闻价值判断。

第七，同中见异，于多种新闻线索或新闻事实中找出最有新闻价值的事实或线索。

2. 采编工具驾驭能力

作为现代新闻工作者，还要具有驾驭采编工具的能力，熟练使用电脑、录音机、照相机、摄像机、扫描仪、电子照排以及其他先进的数码仪器设备等工具，以达到采制多媒体的新闻素材的目的。还要学会驾驶汽车等现代交通工具，这样才能满足日益激烈的新闻竞争需要。

3. 文字表达能力

写作和报道是新闻工作的最后落脚点。广播电视、数字媒体虽然有更丰富多样的信息传递方式，但写作技巧和文字表达能力仍然是新闻传播者最主要的基本功。这种能力包括严密的逻辑思维能力、丰富的语言知识及运用能力、大量的词汇和良好的修辞能力以及流利的谈话、翻译、评论能力。新闻工作强调工作人员要有敏捷的反应速度，受众对新闻作品的认可是离不开传播者作品的最终呈现方式的。

4. 调查研究能力

调查研究是各行各业使用广泛的一种工作方法，是人们开展得最多的一种社会活动。例如，领导干部的调查研究，政工人员的调查研究，司法人员的调查研究，学者和研究人员的调查研究，市场营销人员的调查研究等。与其他人员的调查研究不同，新闻传播者进行调查研究主要是为了传播，要在短时间内快速完成，务求高效，不可能从容不迫。唯其如此，对于新闻传播者，调查研究是一种最基本也是最重要的能力。

新闻传播者的调查研究能力是一个综合指标，既包括善于了解调查研究的具体任务，也包括正确使用调查研究方法。其集中体现在迅速地采集新闻事实和深入地分析新闻事实的能力。能否及时地发现事实，了解事实，选择事实，核实事实，追踪事实，最后报道事实，这是检测新闻传播者调查研究能力的试金石。

在新闻传播者的调查研究中，现场调查和资料调查有着突出的意义。许多新闻事实发生在现场，新闻报道要现场感强。百闻不如一见，只要有可能，记者就要设法到新闻现场实地察看。最有效的新闻采访手段是直接观察，最优秀的报道往往来自记者的直接观察。因此，进行现场采访乃是新闻传播者经常性的工作。而现场采访，把现场情景看清楚，把事实的背景和因果关系弄明白，是十分紧张而复杂的劳动，最见功力。只有调查研究能力很强的新闻记者，才有可能真正掌握事实的真相和实情。

5. 图像和版面时空表达能力

图像和版面时空表达能力也是新闻工作者要具备的能力。新闻工作者要善于利用图片的各种框架、色彩的元素，实行图文有机配合，达到图文并茂的效果。同时，也要充分利用各种新闻编辑、编排手段，调动受众的阅读、审美兴趣，达到最佳的新闻传播效果。

6. 传媒技术能力

新闻工作者还要具有传媒技术能力，具体包括网络新闻资讯采编、CorelDraw、数字编辑与排版、网页制作、数字摄影、摄像与编辑、非线性编辑、Flash 动画、电视节目制作、AE 后期制作、影视后期制作、玛雅（MAYA）后期合成、标志及 POP 设计、流媒体设计制作、三维立体 3DsMAX 应用等。

7. 社会活动能力

要快速、广泛地采集并发布新闻，新闻工作者就必须与社会各个阶层、各个行业的人打交道，只有参加广泛而深入的社会活动，才可能抓住社会的新动向、萌芽的事物、潜在的问题和弊端。《南方周末》记者傅剑锋曾写过一篇名为《神雕之死》的报道，作者讲述了新闻事实采集的曲折过程。因为是一篇揭露性报道，记者一方面要保护提供线索的人，获得对方的信任；另一方面，对于虐杀金雕的贩卖者，记者又需要乔装打扮，隐瞒身份对其进行暗访，既要掌握真实情况，又不能令对方产生怀疑。这考验一个记者与各种人物打交道的能力，需凭借记者的智慧和应变能力，才能从容应对。因此，新闻工作者要具有纵横驰骋的社会活动能力。这就要求新闻工作者做到以下两个方面：

第一，建立起自己的社会关系网络，作为自己的信息源、线索源。另外，新闻工作者要准确地把握领导机关的动向，与领导打交道时做到举止适度，有礼用心。

第二，真诚地与普通群众交往，及时了解人民群众的工作和生活。只有这样，新闻工作者才能起到上情下达、下情上传、左右互连的作用，才能寻找到有价值的新闻线索，搜集到全面的报道材料。

（四）良好的作风素质

作风素质是新闻传播者在思想上、工作上、生活上表现出来的状态。优良的作风素质是做好新闻工作的前提，具体来说，新闻传播者应做到以下几点：

1. 实事求是

新闻工作中的一切正确的思想、计划、方案都是从新闻工作实践中来，都是以客观存在的现实为基础的。新闻传播者的主观能动性在于正确认识客观事物，掌握和运用客观规律，但是要想得到新闻工作预想的结果，一定要使自己的思想符合客观外界的规律性，否则，就会使新闻工作背离新闻实际。想问题、办事情，必须尊重客观实际，不能从主观愿望出发。

2. 艰苦奋斗

艰苦奋斗是新闻传播者的工作、生活作风，是新闻事业党性在个体身上的集中反映。需要广大新闻传播者时刻保持清醒头脑，从工作、生活的小事入手，规范自身的一言一行，努力做到防微杜渐。要时刻保持清醒的头脑，要客观地看待新闻工作，不断在实践中树立和巩固服务社会、服务群众的观念。不能将新闻工作作为凌驾于人民群众之上的资本，作为享受的资格。

树立艰苦奋斗的作风，就要与人民群众同呼吸共命运。新闻传播者丢掉了谦虚谨慎、艰苦奋斗的优良传统和作风，就会不思进取、贪图享乐，就会对群众的痛苦漠然置之、对群众的呼声充耳不闻，就必然脱离群众、怕见群众。因此，大力发扬艰苦奋斗的作风，关键一点就是努力维护好群众利益，保持与群众的鱼水深情。

3. 严谨细致

正确的舆论导向是新闻工作的生命，离不开细致周密的工作，采取科学有效的传播手段，才能达到"贴近实际、贴近生活、贴近群众"的舆论宣传要求。新闻宣传工作，必须有效地把体现党的意志与反映人民心声统一起来，严谨细致地改进新闻宣传。是否严谨细致，直接影响党的路线方针的宣传和贯彻，直接影响思想政治工作的效果。广大新闻传播者一定要树立严谨细致的工作作风。

4. 吃苦耐劳

新闻传播工作很艰苦，新闻工作者要特别肯干，特别能做事，要不怕苦，不怕累，临危不惧，不贪图享乐，不懒惰懈怠，不贪生怕死，不饱食终日而无所用心，要勤劳朴实，终身奋斗，体会疾苦，保持与群众的鱼水深情，与人民群众同呼吸共命运，不畏艰难，意志坚强，自强不息。

5. 爱岗敬业

新闻工作者要以爱岗敬业、甘于奉献为职业准则，将有益于他人、社会、人民、国家和民族作为新闻工作的主要目的，以诚恳的态度、饱满的热情、旺盛的斗志、强烈的责任感、尽职尽责地把每一件事做好，创造出辉煌的业绩。

6. 清正廉洁

新闻工作同社会接触面广，工作环境复杂，受到的各种利益和诱惑很多。新闻传播者如果不能廉洁自律，追求享受，贪图安逸，拜金主义、享乐主义、极端个人主义等腐朽思想就会乘虚而入，就会滋生腐败现象。因此，要求新闻传播者勤奋工作、艰苦创业、厉行节约、廉洁自律，加强作风建设，树立严于律己、清正廉洁的优良作风。

二、新闻传播者的他律——法治建设

在融媒体时代，新闻传播者的他律主要指的是新闻传播方面的法治建设。新闻传播法治建设是新闻事业发展的必然要求，从新闻事业产生之际就开启了法治建设的航帆。为了调整与新闻传播活动有关的各种社会关系，各国通过立法规范和保护新闻传播活动，形成新闻传播法，也称新闻法、媒介法、大众媒介法、大众传播法等。当前，随着互联网技术和通信技术的飞速发展，报纸、广播、电视等传统媒体与互联网、通信网的融合正在加速进行，媒体融合的时代已经到来。

即便如此，新闻传播依然会面临诸多法律问题。因为媒介融合在很大程度上是一个传统媒体与新媒体的博弈过程，这个过程是获取新闻资源的竞争，从而产生各种诸如虚假新闻、有偿新闻、新闻侵权、新闻诉讼、媒介审判、新闻自由、传播者的权利义务等问题，这就要求加强新闻传播法治建设。

（一）新闻传播法制及其调整对象

世界各国的新闻传播法制虽然各有差别，发展道路也不尽相同，但在自由新闻体制确立之前，新闻事业都经过较严酷的专制管控时期。现代以来，无论哪个法系，都把自由权利视作社会的基本价值，皆以法律条文明确宣布保护作为自由权利基础的新闻自由。随着媒介技术的发展，新闻法内涵和外延也相应调整变化，而就新闻传播法制的调整对象而言，无非都是新闻传播与国家、社会、公民之间的关系。

1. 西方的新闻传播法

16世纪初期，欧洲宗教改革兴起，涌现了大量的印刷报纸和小册子，并开始带有宗教论战的性质，后来又发展为政治论战的工具。面对这种情况，政府开始通过立法手段规范和钳制印刷媒介的传播活动，早期的传播法开始形成。1586年，英国女王伊丽莎白颁布了皇家出版法庭命令（星法院法令），确立了各项审查制度，核心是特许制：命令一切印刷品须送皇家特许公司登记，除教会同意者外，不再允许出版商的登记申请，皇家特许出版公司对秘密出版物有搜索、扣押、没收及逮捕嫌疑犯的权力。欧洲其他封建国家的情况也基本相似。资产阶级革命爆发后，刊有资产阶级进步思想内容的报纸开始冲破封建统治者对新闻业的约束管制，使印刷传播媒介成为反对封建主义、维护资本主义的重要武器，资产阶级的传播自由体制最终确立。以下就以英国、美国、法国为例，阐述西方的传播法：

（1）英国的新闻传播法

英国新闻法制建设一直走在世界前列，影响着其他各国新闻法的形成与发展。1641年，皇家特许出版公司、皇家出版法庭被撤销，标志着英国传统传播法的终结和资产阶级传播法的开始。英国报业第一次获得了自由，但这一自由局面并未持续很长时间，因批评国会的言论大量涌现，特许制、检查制和保证金制又陆续恢复。1642年，国会制定了《出版检查法》，恢复出版特许制和新闻检查制。查理二世复辟时期，国会颁布《出版法案》，其内容几乎与1586年皇家出版法庭命令完全相同。然而，言论自由的种子一旦撒播到人民心中就会生根发芽，它能够冲破任何压力而顽强地成长。这一时期的新闻自由斗争有可圈可点之处。其一，1643年约翰·弥尔顿模拟在英国国会上发表演说而写的《论出版自由》，为英国自由新闻体制的确立奠定了理论基础。文中论述了出版自由的观点，认为出版特许制、审查制都是有害的东西，是对真理的背弃，应该给每个人自由获知、陈述和辩论的权利。其二，在英国新闻传播法制中，有两个著名的判例法确立的原则，即李尔本案确立的"批评政府无罪"原则以及18世纪的欧文·威克斯案确立的对政府进行监督的权利，将新闻自由向前推进了很大一步。1688年，"光荣革命"结束了封建复辟王朝的统治，确立了资产阶级君主立宪制度，英国新闻法又朝着新闻自由的方向发展。此后的200多年里，压制新闻自由的法令规范被逐一冲破。

首先，出版特许制和新闻检查制废止。1694年，议会正式废除了1662年的《出版法案》，出版特许制度终于被废除。1695年则取消了新闻事先检查制，改为事后追惩制。1752年，书商欧文因出售批评议会的书刊以诽谤罪受审，伦敦首席法官训令陪审团判罪，但陪审团拒绝接受训令，判决欧文无罪。1762年，"威克斯案"宣布自1557年开始施行的总逮捕状制度非法，英国国王再无直接迫害新闻出版业的法律依据。1792年，英国议会通过了《福克斯诽谤法案》，规定陪审团对一切诽谤案有最终判决权，陪审员有了认定事实的权力。

其次，"知识税"废除。1712年，英国议会通过法案，规定所有6张以下的报刊及广告、纸张一律征收印花税，对报刊使用的纸张征收纸张税，刊登广告的征收广告税，史称"知识税"。很多报刊不堪经济重负被迫停刊。在上下一片反对声中，英国议会于1853年5月4日决定废止广告税，1855年决定废止印花税，1861年10月1日又决定废止纸张税。至此印花税法案的内容全部废止。

最后，禁止报道和评论政治新闻的禁令被废除。1771年以后，国会对报刊报道和评论政治新闻采取默认态度。1803年，国会允许记者在后排旁听。1831年增设记者席，因此出现了记者是国会"第四等级"之说。1840年颁布议会文件法案，规定对进入议会采访的记者给予多种方便和保护，这是世界上最早的保护记者采访的公开立法。1868年国会通过法案，承认记者报道和评论国会新闻不属诽谤，英国新闻界获得报道国会消息的自由。至此，英国新闻自由得以稳固确立。

20世纪初，英国报业进入大众化阶段。在新闻业迅猛发展的同时，出现了诸如黄色新闻泛滥、虚假新闻充斥报端、新闻侵犯隐私权、新闻业垄断不断加剧等现象。对此，作为规范新闻业主要手段的新闻法随之发生变化，呈现出"保护和适当限制新闻自由"的特点。英国新闻法对滥用新闻自由的限制有：防止诽谤和侵犯隐私；防止泄露国家机密；保护知识产权；惩罚宣扬淫秽、亵渎宗教、败坏道德；防止传媒干扰司法；等等。相关法律规定散见于《官方保密法》《版权法》《诽谤法》《公共秩序法》等部门法或单行法规法令中。

英国新闻传播法"首先确定新闻是自由的，不受权力机关干预，然后以判例法和各种成文法中的有关条款，来限制和禁止对新闻自由的滥用"[①]。英国新闻传播法侧重于对传播的审查，其更多地表现在成文法中。英国的新闻传播法以《诽谤法》为代表，一般认为，如果某人的言论是为了达到下列目的中的任意一个，就是诽谤：使被谈论者受到仇恨、讥笑或藐视；使被谈论者受到孤立或冷遇；使社会上思维正常的人对被谈论者评价降低；贬低被谈论者在服务机构、职业或行当中的声誉。进一步来说，诽谤需要"言词是诽谤性的、言词指向原告、言词已经发表"这三个构成要件。诽谤诉讼中的答辩理由包括：言词是真实的；公正评论，即言词是对与公共利益有关事务的公正评论；特权分有限特权和绝对特权两种，它规定某些种类的言论不受法律追究。

在英国，民事诽谤的责任形式主要是损害赔偿，包括经济损失赔偿和精神损失赔偿两部分，这种损害赔偿的数额可能是非常高的。

从历史来看，诽谤既可能是一种民事侵权行为，也可能是一种犯罪。但刑事诽谤是罕见的。总的来说，英国的诽谤法已经历了很长的时间，各方面制度比较完善，较好地保护了新闻自由和公民的名誉权。

（2）美国的新闻传播法

美国曾经是英国的殖民地，其传播法是以英国法律为基础建立和发展起来的。但美国传播法也有自己的特点，相比于英国侧重对传播的审查，美国更侧重传播的自由。经过新闻自由法律规范的不断发展，美国通过司法判例形成了五个司法原则。

[①] 孙旭培.新闻法：最需要的法律最困难的立法[J].新闻知识，1999（9）：9-10.

①坏的倾向原则

该原则认为：受到指控的作品或言论，只要从其本身的倾向中发现其有导致暴力行为的倾向，即使距离实际非法活动的发生还远，也足以成为制裁的理由。

②明显而即刻危险原则

该原则的核心是强调某一言论是否"实际有害"，即某一表达行为只有成为某种犯罪的直接起因，才可以予以禁止。在1967年"五角大楼文件案"中，《纽约时报》刊登五角大楼越南战争文件被政府禁止，联邦法院判决美国政府败诉。理由之一亦是因为政府没有举出公布文件对美国安全构成直接威胁的证据。

③利益平衡原则

20世纪50年代以后的冷战时期，"明显而即刻危险"原则被淡化，改用平衡原则——在公益和私利不能兼容之际，权衡轻重以谋求相对平衡。相较于"明显而即刻危险"原则的意义，这一原则在于对言论自由有了一种更加宽容的态度，允许在言论自由与其他利益冲突时可以被选择。

④绝对主义原则

该原则的代表人物大法官布莱克提出：《宪法第一修正案》禁止国会制定剥夺言论自由的法律，是因为其有不可磨灭的价值，不容许政府借口所谓"更重要的利益"予以限制，表明言论自由有十分广阔的范围。

⑤实际恶意原则

1964年的"沙利文诉《纽约时报》案"确立了这项原则，从而给新闻媒介批评公共官员和公众人物以特殊的宪法保护。按照这个原则，在美国，只要不是怀有敌意针对公职人员的虚假及诽谤性的报道、评论、批评都不构成违法犯罪，即非故意的说谎和诽谤，都受到美国联邦宪法的保护。在1967年的两个判例中，最高法院又把"实际恶意原则"推广到"公众人物"上。

（3）法国的新闻传播法

法国是典型的大陆法系国家，其法律渊源主要是成文法。1881年7月，法国制宪议会通过了《出版自由法》（又称《新闻自由法》）。《出版自由法》颁布之后，除了战争或紧急状态时期曾全部或部分停止执行外，至今仍是法国新闻法制的主要依据，被称为新闻出版业的宪章，也成了许多国家制定新闻传播法律的楷模。

法国的《出版自由法》主要包括以下内容：

①前提

印刷和出版自由。

②等级制

创办日报或定期出版物，在出版物出版之前，向检察官申报即可。未经申报即出版日报或定期出版物、从事或贩卖或分送出版物活动者，属违法行为，处以罚款或监禁。

③版本记录制度

除小件印刷品外，所有公开发行的印刷品均须注明印刷者的姓名及地址。

④缴送样品制度

所有印刷品在出版时，其印刷者需向有关政府部门送交两份备案。

⑤版本备案制度

仅适用于日报或定期出版物。

⑥更正和答复制度

公共当局代理人因日报或定期出版物未能对其职务内事务准确报道而提出更正时，该日报或定期出版物须在最近一期的首要位置免费将更正刊出。对一切日报或定期出版物提及或点名的人的答复，经理须在接到答复后3日内予以刊载。

⑦关于新闻及其他出版途径产生的犯罪

煽动重罪和轻罪；妨碍公共事务的犯罪；妨害个人的犯罪；伤害外国国家首脑和外交官员的犯罪。凡有其中之一的，一般都处以罚款或监禁。

⑧责任者实行"瀑布"制度

如下人员可作为新闻重罪和轻罪的责任承担者。其次序：经营和出版者→作者→印刷者→出卖、散发和张贴者。

⑨诉讼程序

规定非常详细，规定了从提起诉讼到传讯到审判到上诉等各个环节的程序。

2. 中国的新闻传播法

中国的新闻传播法可以追溯到古代的"言禁""书禁""报禁"制度，到清末1906年7月颁布的《大清印刷物专律》，中国才有了第一部具有近现代意义的新闻传播法规。

我国现行新闻传播相关法律的渊源主要是《中华人民共和国宪法》（以下简

称《宪法》，基本法同）和基本法、行政法规、地方性法规、部门规章。管理各类传播媒介的专门行政法规有《音像制品管理条例》《电影管理条例》《出版管理条例》《印刷业管理条例》《广播电视管理条例》《电信条例》《计算机信息系统安全保护条例》《计算机信息网络国际联网管理暂行规定》《互联网信息服务管理办法》等。与规范报刊出版活动有关的地方性法规，如《上海市图书报刊市场管理条例》《北京市图书报刊音像市场管理条例》等；规范广播电视活动的地方性法规，如《陕西省广播电视管理条例》《江西省广播电视管理条例》等。在我国新闻法的体系中，部门规章有着重要作用。大致有关于新闻媒介管理的规章（如《报纸管理暂行规定》《广播电台电视台设立审批管理办法》）、关于取缔、打击非法出版物的规章（如《关于认定淫秽及色情出版物的暂行规定》）、保密法规章（如《新闻出版保密法规定》）、有关传播单位经济活动的管理规章（如《关于报刊、期刊社、出版社开展有偿服务和经营活动的暂行办法》）、有关新闻队伍建设的规章（如《关于加强新闻队伍职业道德建设，禁止有偿新闻的通知》）等。

香港、澳门回归祖国建立特别行政区以后，根据基本法的规定，当地大多数法律继续有效，这些法规中涉及新闻传播的内容也属于我国新闻传播相关法律的一部分。此外，我国同外国缔结或参与的国际条约中与新闻传播活动有关的内容，也属于我国的新闻传播法的来源。

我国现行新闻传播相关法律的主要内容大致分为以下几个部分：

一是新闻传播与国家安全、社会秩序。《中华人民共和国宪法》第五十一条规定："中华人民共和国公民在行使自由和权利的时候，不得损害国家的、社会的、集体的利益和其他公民的合法的自由和权利。"[1] 为维护国家安全，我国针对新闻传播活动的禁载规定中，首先，禁止的是危害国家安全和利益的内容。其次，禁止妨害社会公共秩序的内容。

二是新闻传播与公民权利。我国新闻传播法关于公民权利的问题主要包括保障公民的表达权和知情权。

三是新闻事业的行政管理。在我国，对新闻事业进行行政管理的国家机关主要是新闻出版广电总局。我国新闻媒体实行批准登记制，新闻行政管理部门依法执行审批权。批准登记制是我国新闻业管理的基本制度之一。对报刊的批准登记

---

[1] 全国人大常委会办公厅.中华人民共和国宪法[M].北京：中国民主法制出版社，2014.

依据《出版管理条例》《内部资料性出版物管理办法》（新闻出版署1997年颁布），对广播电视媒体批准登记依据《广播电视管理条例》（1997年）、《有线电视管理规定》（1994年）、《广播电台电视台设立审批办法》（1996年）、《广播电视无线管理办法》（1988年）等。

四是特殊信息和新闻的制定发布。在我国，重要政务新闻由新华社统一发布，由《人民日报》负责刊载。对有关党和国家主要领导人的作品实行事先审查制度，相关法律见《关于对描写党和国家主要领导人的出版物加强管理的规定》《关于发表和出版有关党和国家主要领导人工作和生活情况作品的补充规定》《出版管理条例》《图书、期刊、音像制品、电子出版物重大选题备案办法》。有关重要证券信息的发布由指定报刊披露。有关气象预报信息实行统一发布制度。我国规范气象工作的法律是1999年颁布的《中华人民共和国气象法》。在气象预报统一发布制度中，新闻媒介主要承担两项义务：准确及时传播气象台站的气象预报；不擅自发布重要气象新闻。有关汛情、疫情、震情，我国也实行统一发布制度。

3. 新闻传播法调整的对象

新闻传播法主要调整的是新闻传播与国家、社会、公民之间的关系。

（1）新闻传播与国家的关系

新闻传播活动总是在一定的社会环境中与国家权力机构发生着关系。新闻与国家权力机构的关系（简称新闻与国家之间的关系），在我国是政治性最强、意识形态属性最显著的一组关系。当前，一国从事新闻活动的媒体和代表着国家具体形象的政府的根本出发点和立足点是一致的，即服务于民众。但是从服务的方式上讲，政府是权能部门，它通过自己的行政行为实实在在地变革着社会生活；而媒体只是"影响力部门"，它通过自己传递的信息、意见影响着这些变革的发生。

从实现社会公众利益最大化的角度看，媒体与政府应该是一种遵循各自行为准则基础上的共存与合作的关系：政府依法行政，媒体依法监督。这样一来，新闻法治首先就要明确新闻与国家各自的行为界限，在权利和义务平衡的状态下进行良性合作。对这一关系的调整，具体体现在如何理解和把握新闻自由权，国家对媒体禁载内容的规定，媒体的信息自由权及其保密责任，媒体的批评建议权等问题上。

以国家对媒体禁载内容的规定为例，1948年3月至4月，51国新闻代表团（包括当时的中国代表团）在日内瓦举行的联合国新闻自由会议通过了《国际新闻自由公约草案》。其中第3公约第2条规定了新闻媒体的10项责任与限制，违反者"应予法律明文规定之必要惩罚"，其中第1、第2条规定：为国家安全应守秘密之事项；意图煽动他人以暴力变动政府制度或扰乱治安者。联合国大会1966年12月通过了《公民权利与政治权利国际公约》，并于1976年3月生效（我国于1998年10月签署）。在充分肯定了新闻自由的前提下，该公约也明确地说明了这些权利的行使"带有特殊的义务和责任"，应由法律规定一些限制条件。其中，第19条第3款规定"保障国家安全或公共秩序"。国际公约中的这些禁载规定的总体原则得到了比较广泛的认同。在认同这些总体原则的前提下，不同国家结合自身的实际情况，在对各个具体条款的认识和实践上不尽相同。但在为维护国家安全而制定的禁载项目或采取的惩戒措施上，各主要国家都作出了较为确凿的、操作性较强的规定。美国联邦和州政府为维护国家安全提出了保守秘密的特权，明显的例子是军队的部署和外交上对于他国政府的评价和判断等。政府的这种努力和媒体获取和公布信息的努力在此形成了一种冲突。在新闻媒体与政府力量长期的博弈过程中，对新闻媒体的限制和约束逐步定型：立法性禁止、战时新闻管理、政府需要举证。同美国一样，英国出于国家安全的目的而对媒体报道采取的禁止性约束，主要体现在保守国家秘密上。对此，英国的《官方保密法》（1911年制定，1920年、1939年、1989年三次修订）作出的禁止性规定主要有二：一是禁止获取、收集、记录或向他人传递可能或旨在对敌方有用的任何情报；二是任何服务于政府部门、在我国政府内担任公职，或与政府有合同者，利用其职务或特有的合同，将任何情报传递给其未授权传递者，皆犯有罪行。我国对新闻传播活动的范围和内容进行限制和约束的最直接的法源是宪法。宪法第五十一条规定："中华人民共和国公民在行使自由和权利的时候，不得损害国家的、社会的、集体的利益和其他公民的合法的自由和权利。"[①]据此，对于新闻传播活动，我国推演出一系列内容涵盖广泛的禁载规定。

　　（2）新闻传播与社会的关系

　　一个国家的法制精神总是体现出一定的道德诉求。我国为维护社会利益，对

---

① 全国人大常委会办公厅.中华人民共和国宪法[M].北京：中国民主法制出版社，2014.

新闻传播活动也作出了相应的禁止性规范，如禁载扰乱社会秩序、扰乱公共道德、破坏善良风俗、宣扬淫秽色情、损害人民间或国家间的关系、非法广告等信息。大众传播活动遵循这样的一些禁载规定，无疑是有助于维护社会的稳定和秩序、摒弃不良社会风尚的，也符合媒体在一定的社会环境中去承担"对社会目标与价值观的呈现与阐明"的责任。

（3）新闻传播与公民的关系

新闻媒体的性质及其社会角色，决定了它们在传播信息、实施舆论监督时，经常要把公民活动作为其报道的对象。在这个过程中，侮辱、诽谤、公布与公众利益无关的隐私，乃至报道失实、不公正评论、不合理地使用肖像等问题时有发生。这些会给公民合法权利带来损害的行为，对媒体来说是应该尽力规避的。因此，新闻传播与公民的关系也是新闻传播调整的对象。

（二）新闻报道的法律限制

在融媒时代，作为新生事物的网络媒体，其发展状况和相应的法律规范并不稳定，还有待时间检验。而报纸是最早出现的新闻媒体，很多对报纸的法律规范同时也适用于其他新闻媒介。因此，这里探讨的新闻报道的法律限制既指向报纸，也指向广播电视，更指向网络媒体。不允许媒体侵害国家和人民利益，不允许反对宪法确定的基本原则，是新闻报道必须遵循的法律规定。

1. 司法采访的法律限制

记者有权采访公开审理的案件，但要遵守法律，服从警方和法庭的要求和安排，超越警方和法庭的规定而私自采访，可能侵害司法权。公开审判的案件是向全社会公开，新闻媒介自然可以进行客观、公正的报道。公开审判制度是我国司法的一项根本制度。

《中华人民共和国人民法院法庭规则》第十条规定："新闻记者旁听应遵守本规则。未经审判长或者独任审判员许可，不得在庭审过程中录音、录像和摄影。"新闻记者在采访审判活动时，不仅应遵守本条规定，还应遵守"本规则其他有关规定"。例如，第八条规定，须持人民法院发出的旁听证方可进入法庭旁听。对此，只有记者证还不能随意进入法庭旁听。第九条规定，旁听人员不得录音、录像和摄影；不得随意走动和进入审判区。对于违反法庭规则的人，审判长或者独任审判员可对其口头警告、训诫或没收相关器材,责令其退出法庭或者经院长批准予以罚款、拘留(第十一条)。这些规定也适用于新闻记者。

2. 司法报道的法律限制

媒体采访触犯法律的事件和社会问题后作出是否报道的决断;记者还须对司法现象进行严格的法律权衡,作出报道或不报道的决定。要报道,还要研究是否需要向某个部门送审批准,如何进行报道,需要遵循哪些规定等。这是一个需要周密思考而又必须及时作出反应的过程。对此,司法报道应遵循一些基本原则,尤其要注意防止媒体审判。

(1)司法报道的基本原则

司法独立是我国司法工作的一项基本原则。《宪法》第一百二十六条规定:"人民法院依照法律规定独立行使审判权,不受行政机关、社会团体和个人的干涉。"[①]《人民法院组织法》第四条、《刑事诉讼法》第五条都规定人民法院、人民检察院的独立审批权、检察权不受其他机关、团体、个人干涉。对此,新闻报道不能凌驾于司法之上,不能干预和影响司法行为,否则就是违法的。

为了维护司法独立,追求公正审判,许多国家和地区对有关司法的报道作了一些限制。《公民权利与政治权利国际公约》第十四条第1款规定:"凡受刑事指控者,在未依法证实有罪之前,应有权被视为无罪。"[②]美国对于处理媒体与司法的关系,采取的是宁可将限制加给律师及检察官的言论权上,而不直接限制媒体。在1954年发生Sheppard案件后,美国各州法院颁布了"事先禁止令"或"禁口令"。这种限制仅针对媒体和诉讼当事人(如辩护律师、检察官)。前者主要禁止媒体传播有关信息,后者限制律师、检察官等诉讼参与人在审判过程中向外界透露案情。美国还把禁口令缩小到以下范围:被告向执法官员所做的任何供述或承认的情况和性质;向除了媒体人员以外的任何第三方所做的任何供述或承认;其他与被指控者密切相关的事实。由于这些严格限制条件和程序,自1976年后禁口令制度几近废止。在英国《刑事法庭法》中,对于羁押案件只能简略地报道嫌疑人的姓名、地址、涉嫌罪名、犯罪情节梗概、辩护人及法官的姓名、开庭时

---

① 全国人大常委会办公厅.中华人民共和国宪法[M].北京:中国民主法制出版社,2014.
② 曼弗雷德·诺瓦克.《公民权利和政治权利国际公约》评注[M].修订第二版北京:三联书店出版社,2008.

间、法院的决定等9项内容。在未得到法院许可的情况下，只能等到审判终结后才能详细报道。自1976年以来，强奸和其他性犯罪、未成年人案件等必须隐去受害人或当事人的姓名与可指认的特征。英美法系国家在诉讼中的共同点是：陪审团主要负责对案件事实的认定，法官则负责法律适用。因此该法系国家为避免和减轻新闻报道对陪审团的影响，均对有关审判的新闻报道进行严格的限制乃至惩罚。

（2）防止媒体审判

媒体审判一语出自美国，是指"新闻报道形成某种舆论压力，妨害和影响司法独立与公正判决"[①]。这种新闻凌驾于司法之上，干预和影响司法，因此被人们称为"媒体审判"。在我国，媒体审判是指在案件判决之前，新闻媒体抢先对涉案人员作出有罪或无罪结论的报道，或对正在审理的案件进行有倾向性的报道。一些媒体在行使舆论监督职能的时候，往往由于没有顾及司法活动的独立性、程序性和权威性等特点而干预司法判决，影响司法判决的严肃性与公正性，其突出表现便是媒体审判。西方学者认为，媒体审判是一种不依据法律程序而对被告和犯罪嫌疑人实施的非法的道义上的裁判，其特征是，超越司法程序抢先对案件作出判断，对涉案人员作出定性、定罪、定刑以及胜诉或败诉等结论。

在法制日益健全的情况下，媒体审判是违法行为，除了违反独立审判的宪法原则，还违反了有关诉讼原则，与"无罪推定""罪刑法定"原则相悖。反对和防止媒体审判，维护司法独立和公正，在国际新闻界和法律界是有共识的。

借鉴国外经验，我国媒体在监督司法活动时，要做到如下三点：

一是防止情绪化和泛道德化。例如，对于"大义灭亲"的案件，如果媒体刻意渲染"灭亲者"如何高尚，"被灭者"如何罪有应得，这实质上违反了法律面前人人平等的原则，也间接贬低了司法制度而鼓励血亲复仇。

二是媒体在报道案件时，应当注意给予各方当事人同等的机会。

三是对公开审理的案件可以做全程报道和评论。在立案、侦查、起诉、审判和判决的任何阶段，媒体都可以对案件进行报道，法律规定不公开审理的除外。

3. 报道内容的法律限制

新闻报道在一定领域受法律限制，报道内容超过一定界限就会违法。世界各

[①] 王援. 新闻学概论[M]. 成都：电子科技大学出版社，2017.

国对新闻媒体的报道都有内容方面的禁载要求，而且以法律条文给予明确规定。我国法律限制新闻报道的内容主要包括以下几点：

（1）不得危害国家安全，要维护国家主权和尊严

《宪法》明确指出："全国各族人民、一切国家机关和武装力量、各政党和各社会团体、各企事业组织，都必须以宪法为根本的活动准则，并且负有维护宪法的尊严、保证宪法实施的职责。"[①]新闻媒体要模范地遵守《宪法》的各项条款，任何破坏《宪法》的行动，都是危害国家安全的行为。这具体包括以下几个方面：

一是不准破坏国家的统一，要维护国家主权的完整。

二是不准报道未经核实的重大事实蛊惑人心，发表耸人听闻的评论。

三是对一切危害国家利益的行为实施舆论监督，不准庇护或对侵害人民利益的行为文过饰非；反对压制民主、反对剥夺人民权利、反对窃取国家财产、反对各种腐败。

四是在新闻报道和评论中，不能恶意解释国家机关各个机构的性质和职能，以对公众形成误导。

五是严厉制裁在新闻报道和时事评论中煽动群众抗拒、破坏国家法律和法令的实施。

六是在新闻报道、评论或版面与图像中，不准出现侮辱国旗、国徽的内容和构图，不准丑化像天安门、人民大会堂这类国家政治标志性的图片或图案。

七是不准在媒体上发表不精确的全国地图。

以上禁令除第一、第六和第七条外，允许在报刊上发表研究文章，提出不同见解。

（2）不准鼓吹民族、种族与宗教分裂和仇恨，不能煽动违背人民愿望的暴力行为，不能破坏公共安全和社会秩序

我国处理民族问题的准则是民族平等、民族团结、民族进步、各民族共同繁荣。《宪法》规定国家保障各少数民族的合法权利和利益，维护和发展各民族的互助关系。禁止任何民族歧视和压迫，禁止制造民族分裂的行为。因此，新闻报道中不能出现歪曲、丑化少数民族形象，不尊重少数民族风俗习惯和宗教信仰，伤害少数民族感情的内容。严重歪曲和丑化少数民族风俗习惯的内容，造成严重

---

① 全国人大常委会办公厅.中华人民共和国宪法[M].北京：中国民主法制出版社，2014.

后果的，管理部门要果断处理，媒体法人和作者承担法律责任。新闻媒介涉及有关民族宗教问题，按照有关法律、法规慎重处理报道内容，没有把握的问题，要事先向有关部门请示。

（3）不得泄露国家机密，故意或过失泄露国家机密都要受法律制裁

凡是在新闻报道中泄露国家机密的，经过法庭认定，要受法律的惩处。新闻工作者要有保密意识，充分认识保守国家秘密既是新闻工作者的义务，也是新闻工作者的责任。根据我国刑法第一百八十六条、全国人大常委会《关于惩治泄露国家机密犯罪的补充规定》和《中华人民共和国保守国家秘密法》（以下简称《保密法》）的规定，泄露国家机密是指违反国家保密法规，故意或过失泄露国家机密的行为。

《保密法》第二条对国家秘密的范围做了如下规定："国家秘密是关系国家的安全和利益，依照法定程序确定，在一定时间只限一定范围内的人员知悉的事项。"[①] 第八条则具体地列举了国家秘密的范围，如国家事务的重大决策中的秘密事项，国防建设和武装力量活动中的秘密事项，科学技术中的秘密事项，维护国家安全活动和追查刑事犯罪中的秘密事项等。

为防止报道泄密，应遵循严密的工作制度和程序。1992年6月13日，国家保密局联合新闻出版署等部门颁布了《新闻出版保密规定》，该规定"适用于报刊、新闻电讯、书籍、地图、图文资料、声像制品的出版和发行以及广播节目、电视节目、电影的制作和播放"[②]。《新闻出版保密规定》的施行，标志着我国新闻传播保密制度的基本建成。根据《新闻出版保密规定》，新闻传播保密工作"贯彻既保守国家秘密又有利于新闻出版工作正常进行的方针"。

对涉及国家秘密但确需公开报道或出版的材料，新闻出版单位应当向有关部门建议解密或采取删节、改编、隐去等保密措施，并经有关部门审定后才能报道。一旦出现新闻传播泄密事件，新闻传播媒体及其主管部门，其他相关部门，以及新闻出版、广播电视等行政管理部门，必须立即采取果断措施，停售、封存全部出版物，对已发行的出版物要根据发货渠道尽力收回，一并就地销毁，防止国家秘密进一步扩散。因泄密而停售、封存、销毁所造成的经济损失，由出版单位承

---

① 全国人民代表大会.中华人民共和国保守国家秘密法[M].北京：金城出版社，1993.
② 新闻出版保密规定[J].新闻研究资料，1992（4）：219-220，175.

担。对违反各项保密规定，造成泄密的单位，根据情节轻重，追究其相应的民事责任和刑事责任。根据《中华人民共和国刑法》的规定，新闻传播活动中可能触犯的泄密罪主要有三种：一是泄露国家秘密罪；二是向境外提供国家秘密、情报罪；三是非法获取或非法持有国家秘密罪。

（4）禁止侮辱、诽谤、损害公民、法人的名誉权和隐私权

新闻报道往往同特定的人发生联系，就有发生人格损害的可能性。新闻侵权行为主要是指侵害名誉权，将隐私权纳入名誉权范围加以保护是非常必要的，因为有时隐私被侵害也会影响公民的名誉。

《宪法》第三十八条规定："中华人民共和国公民的人格尊严不受侵犯。禁止用任何方法对公民进行侮辱诽谤和诬告陷害。"[1] 最高人民法院发布的《关于审理名誉权案件若干问题的解答》具体解释了名誉权案件中的法律适用问题，这为新闻报道防止侵害名誉权提供了法律界限。

隐私是指个人生活中不涉及公共利益和他人权益的各种活动。隐私活动可能是正常的，也可能是高尚的或丑陋的，这些隐私不容他人指名道姓地揭露。隐私是每个人受法律保护的权利，记者侵害隐私权，就是对人权的侵害。

4. 新闻刊载的法律限制

媒介上出现抄袭、剽窃的新闻与其他文字形式，这是对精神产品的侵犯、损害。根据《中华人民共和国著作权法》规定，剽窃、抄袭他人作品属于侵权行为，要承担一定的民事责任。

在网络、报纸、期刊、广播电视节目或新闻纪录影片中，为报道新闻，可以不经作者本人同意引用已经发表的作品；新闻媒体之间可以不经对方及其作者的同意，重新发表这些媒介上已经发表的新闻、社论和评论。因为新闻与时事评论这两类作品的广泛传播是大众所希望的，它们一经公布，便具有了公共性质，著作权法不限制其转载权。但转载使用时，要注明这类新闻稿件的来源，同时要支付稿酬。新闻媒体未经本人许可，不可公开发表其在公众集会上或某一场合中的讲话，否则应视为非法。经本人同意发表应支付报酬，但国家官员的公务演讲除外。

依据民法典中的默示规则，只要没有声明的，其他媒体就可以转载、摘编，

---

[1] 全国人民代表大会. 中华人民共和国保守国家秘密法[M]. 北京：金城出版社，1993.

但应按规定支付报酬。如果由于摘编错误，造成新闻作品侵权，应由转载者负法律责任。对转载、摘编新闻作品不支付稿费的，《著作权法》规定了处罚办法，要求侵权人承担停止侵害、消除影响、公开赔礼道歉、赔偿损失，将稿酬寄给作者，而不是寄给新闻媒体。

（三）新闻侵权相关现象

互联网技术和通信技术的飞速发展促进了各大媒体的融合，为新闻传播提供了很大的便利，而侵害公民人权的现象也随之加剧。如何有效防止新闻侵权现象的发生，是业界、学界探讨的重要课题。

1. 新闻侵权的构成要件

侵权民事责任构成要件，主要是指侵权行为人承担损害赔偿民事责任应当具备的条件，包括四个方面：损害事实、违法行为、因果关系、主观过错。这里在借鉴侵权民事责任构成要件的基础上，分析新闻侵权的构成要件。

（1）涉及侵权的作品已经发表

有侵权内容的新闻作品只有在正式发表后，才可能对新闻当事人产生损害事实。如果没有公开传播，将不会发生任何对受害人不利的影响，也就谈不上对受害人人格权的侵害。

首先，侵权作品发表后，社会公众对受害人的贬损性议论及周围人们对受害人疏远、排斥、误解等表现，是新闻侵权行为的损害事实直接引起的后果之一。有的侵权言论发表后，公众对报道对象并没有负面评价，但这不足以否定损害事实的存在，这只能说明侵权言论影响较小，它可能已在知悉有关内容而又不明真相的受众心目中留下了对受害人不利的印象。所以，公众贬损性反应的有无，只是大众传播侵权损害程度的一种参照。

其次，侵权损害事实会造成受害人精神痛苦。但是产生这种后果的依据往往只来自受害人的自述，这种痛苦的程度到底有多大很难进行鉴定。因此，言论相对人的精神痛苦表现同样只是新闻侵权后果的一种参照。

最后，侵权损害事实可能造成受害人的财产损失。例如，名誉权本身不是财产权，但是它同权利人的经济利益是有联系的。如对某一人物不合事实的诋毁报道，可能致使该人在社会公众心中的地位下降，进而导致其工作、生意或活动受到影响，造成财产损失的事实。当然名誉受损导致财产损失也只是一种可能。

总之，侵权作品只要已经发表，就足以表明损害事实已经发生。新闻侵权行为损害事实造成的后果虽然一般不影响侵权的成立，但是可以据此确定侵权损害的程度、承担民事责任的方式以及赔偿责任的种类和数额。

（2）新闻作品有违法性

违法性是指行为人做了法律所禁止的行为。法律保护名誉权、隐私权等人格权，那么传播含有侵害人格权内容的作品无疑是违法的。在新闻侵权行为中将违法性确定为构成侵权行为的一大要件，具有十分重要的意义。新闻记者在新闻工作中，除了以正面报道为主，还将抨击社会丑恶。在开展舆论监督的过程中，舆论监督作品的发表必定会使被批评者的社会评价降低，使受批评者感到痛苦，或者会带来财产的损失。但是，不能将这种消极后果的出现归责于新闻侵权，因为正当的舆论监督不具有违法性，不是新闻侵权行为。另外，新闻工作者的其他合法行为即使带来了具有损害性的后果，同样不能构成新闻侵权。

（3）新闻侵权作品有特定指向

在侵权行为的构成要件中，违法行为与损害事实之间的因果关系，被视作侵权行为构成的一大要件。因果关系，是指违法行为作为原因，损害事实作为结果，在它们之间存在的前者会引起后者，后者被前者所引起的客观联系。在新闻传播活动中，传播主体所发布的不法信息对报道对象的人格权造成侵害时，可以构成新闻侵权。

以特定人为报道对象的新闻，如果有指名道姓，当然具有特定指向。但是，媒体通过叙述特定人在特定时间和特定环境中的特定身份，描述特定人的相貌、行为、嗜好等，或者采取各种排他性的标识足以将新闻的指向对象与其他人区别开来，使旁人能够指认新闻中所描述的对象，这就可以确认该作品有特定指向，也可构成新闻侵权。

判定新闻侵权原因与结果之间的因果关系，有时比较简单，有时则比较复杂，在一些复杂的新闻侵权案件中，往往存在一因多果和多果一因的现象。因此，很有必要判定新闻侵权中的主要原因与次要原因、直接原因与间接原因。新闻侵权的主要原因，是指对新闻损害事实起决定性作用的原因，而起辅助性作用的原因则为次要原因。如新闻侵权案件中为什么媒体都是被告之一或承担全部侵权责任，原因就是没有媒体发表，作者的侵权文章不会成为侵权事实，因此，在新闻侵权案件中，媒体承担主要责任，作者承担次要责任。新闻侵权的直接原因，是指损害结果直接因侵权行为而发生的；损害结果并不是因侵权行为直接产生，而是由这一行为的后果而产生的原因被称为间接原因。如某单位领导因新闻虚假报道致使名誉受损、精神痛苦、并被上级免职，新闻虚假报道是导致受害人精神痛苦的直接原因，是其被免职的间接原因。

（4）新闻媒体与记者主观上有过错

过错，是指行为人通过其实施的侵权行为所表现出来的在法律和道德上应受非难的故意和过失状态。过错分为故意过错和过失过错两种情况，故意过错是指加害人预见到了损害结果的发生并希望或放任这种结果发生的心理状态，过失过错则是指加害人因疏忽大意或过于自信而造成损害性后果的状态。

在新闻实践活动中，记者有时出于某种不可告人的目的或为了自身的利益，会故意通过新闻作品侵害他人合法权益，这属于记者的故意过错。过失的侵权行为是新闻侵权行为常见的形式，这涉及记者的职业素质、稿件来源、操作手法等问题。"真实性是新闻的生命"，任何侵权新闻都是对新闻真实性要求的背叛，必须据此承担责任。这说明新闻单位及记者要对新闻源提供的新闻及自身获取的新闻进行核实，对不管哪一种情况的失实都负有过失责任。

区别侵权行为是故意还是过失，具有很重要的现实意义。一是可以帮助划清是民事侵权还是刑事犯罪，如果是故意，将可能用刑法判决，如果是过失，则用民法判决。二是确定是否构成新闻侵权，如新闻舆论监督中，以过失标准判定，则可能免责。三是作为民事责任范围和经济赔偿数额的重要参考指标，故意侵权赔偿金额应当高于过失侵权赔偿金额。

2. 新闻侵害人格权的内容

新闻侵害的具体人格权包括名誉权、隐私权及肖像权，以下分析新闻侵害名誉权、隐私权及肖像权的具体形式：

（1）新闻侵害名誉权的具体形式

名誉权是指民事主体就自己获得的社会评价受有保护并排除他人侵害的权利。新闻侵害名誉权是指行为人通过大众传播媒介刊载、播出有损特定人名誉的文字、语言、图像等，使他人名誉受到损害的行为。根据侵害名誉权的行为构成，新闻侵害名誉权行为也分为侮辱与诽谤两种形式。侮辱是贬损他人人格或名誉；

诽谤是贬低他人某一方面或若干方面的社会评价，造成名誉减损。

侮辱是指故意用语言、文字、暴力等手段贬损他人人格，从而损害他人名誉的行为。侮辱的方式包括暴力方式、口头方式和书面方式，新闻侮辱是书面方式的侮辱行为。按照侮辱性言辞同陈述事实的关系，可分为辱骂和丑化。辱骂性语言主要以贬义词体现，丑化是通过夸张和扭曲的文字或图像手段，把特定人的形象描写得可憎、可恶。

诽谤是指故意或者过失散布某种虚假的事实贬损他人人格，从而损害他人名誉的行为。它具体分为口头诽谤与文字诽谤，新闻诽谤主要表现为文字诽谤。

（2）新闻侵害隐私权的具体形式

在新闻活动中，新闻侵害隐私权行为是指新闻单位和新闻从业人员在新闻作品的采访报道过程中，未经他人同意，侵扰他人居住安宁和人身自由，披露他人与社会公共生活无关的个人信息和个人事务，造成损害他人的行为。记者的采访行为有时可能构成侵权，如未经被采访者同意，采取非法手段接近被采访者获取新闻等。这些非法手段包括窃听电话、监视、侵入住宅、私拆信件以及偷窥他人的文件资料。不过，政治公众人物的许多隐私已经成为重要的公共利益，社会公众对他们的隐私应当享有知情权和批评权。因此对他们的隐私保护范围比普通人要小。

新闻在报道时也有可能侵害他人隐私权。主要包含以下情形：第一，未经当事人同意，公布强奸等性犯罪案件受害人的姓名、地址和其他足以使人辨认的特征。第二，未经许可公开当事人的违法犯罪历史及其他不光彩的历史。公民的违法犯罪行为已经受到法律制裁，社会及公众应该给其改过自新的机会。公民的违法犯罪经历虽是事实，但毕竟只为特定的一部分人所知，属于隐私。第三，不当公开他人的财产状况、家庭生活、婚恋情况、生理缺陷、疾病史等个人隐私。媒体在进行此类报道时应掌握好尺度，应特别谨慎，应估计当事人的感受及报道的社会影响。由于隐私的范围十分广泛，它的表现也必然是多样的，所以在具体案件中，需要根据实际情况来确定是否构成侵犯隐私权。

（3）新闻侵害肖像权的具体形式

侵害肖像权的行为包括：未经许可再现他人肖像；未经许可使用他人肖像；歪曲、丑化他人肖像。新闻媒体侵害当事人肖像权，主要有以下两种情况：

①未经许可进行营利性使用

新闻媒体以营利目的使用他人肖像最常见的方式就是在广告中使用。

②未经同意在新闻报道中使用或歪曲使用肖像

在新闻报道中使用他人的肖像，是国际公认的对肖像的合理使用，可以无须征得肖像人的同意。但是在新闻报道中，也会出现对肖像权构成侵害的使用。主要有以下情况：第一，未经本人同意非法拍摄并使用其肖像。新闻传播的新闻信息必须合乎法律规范，具体到肖像权来说，有些肖像是不宜作为新闻信息来传播的。比如，新闻记者经常会通过秘密采访获知新闻信息，但他们不应该通过秘密采访去拍摄他人在家庭或私生活中的镜头来加以发表，这时，当事人肖像权和隐私权会竞合，新闻工作者不仅侵害了当事人的肖像权，也侵害了当事人的隐私权。如果这种情况下的对象是公众人物的话，就另当别论。第二，歪曲使用他人肖像。在一般情况下，为新闻报道而使用他人肖像不视作侵害肖像权，但如果在新闻报道中对他人肖像有歪曲、丑化、侮辱等情节，即使是出于新闻报道的目的，也可以视作侵害肖像权的行为。第三，其他使用。利用某人的肖像作为插图、封面等，这也是新闻报道中使用肖像权的常见行为。

第三章　融媒时代的新闻传播内容输出

随着时代的发展，人们步入融媒体时代。本章主要内容为融媒时代的新闻传播内容输出，分别论述了融媒时代新闻传播的价值挖掘和融媒时代新闻传播的舆论引导。

第一节　融媒时代新闻传播的价值挖掘

要了解融媒体的概念，首先应该理解其"融"的内容：传统媒体与新媒体。通俗讲就是，以前的媒体形式大都是报纸、电视播出等，现在要向移动端转型发展。因此，媒体工作者需要把报纸、电视上的内容通过新媒体的传播形式展现出来，这种两者兼有的形式就是融媒体。

电视、报纸等都属于传统媒体，目前在国内一些经济相对落后的地区，互联网还没有普及，人们依旧依靠广播和电视这些传统媒体获取信息；新媒体指的是传播方式的"新"，新媒体的特点是即时性和互动性，比如微信、微博以及其他各种社交应用软件等。融媒体实际上就是这两者的优势整合，在互联网中对信息起到一个疏导和舆论的指导作用。

融媒体时代是一个你中有我、我中有你的媒体时代，传统媒体改变传播方式，主动入住新媒体平台就是一个很好的例子，比如今日头条上的人民网、光明网、央视网等，这也可以理解为传统媒体和新媒体战略合作的一个突破口。融媒体改变了新闻业的各个方面，包括工作模式和传播理念，同时也造成了新闻工作者角色的再创造。对于新闻工作者而言，在融媒时代首先要做的就是要重新理解新闻价值，最大限度地挖掘融媒时代新闻的价值。本节将对新闻的双重价值、融媒时代新闻价值的挖掘和实现进行阐述。

一、新闻的双重价值分析

（一）新闻在传播过程中的双重价值概述

新闻传播是一个完整的信息过程。对于这一过程的分析，有学者在论述"事实—新闻报道者—新闻接受者之间的关系"[1]时，列出了新闻传播过程的三要素，即事实、新闻报道者和新闻接受者。还有学者更为明确地指出，新闻传播不是一个静态的现象，而是一个动态的过程，是一个把事实的信息转化成新闻、为受众所接受的运动过程。这个过程包括新闻来源、新闻传播者、新闻受众、反馈四个基本要素。

---

[1] 成美，童兵.新闻理论教程[M].北京：中国人民大学出版社，1993.

事实上，新闻传播过程的本质规定性在于：它是一个始于事实而又终于事实的过程。新闻工作者通过对事实的采访、对新闻报道的写作和编辑，将新闻在媒体上发布出来，供人们阅读、收听或收视，而人们接触新闻的目的，又是为了了解现实社会中已经发生和正在发生的事实。因此，事实—媒体—新闻（报道）—受众构成了新闻传播过程的基本要素。其中，事实和新闻（报道）是一对范畴，作为客体而存在；媒体（新闻机构及其从业人员，即新闻报道者或新闻传播者）与受众是一对范畴，作为主体而存在。

在新闻传播过程中，新闻作为事实的反映，是联结媒体和受众的纽带。新闻必须由媒体报道出来，受众才能接受；只有受众接受了新闻，媒体的新闻传播才具有意义。

在不同的历史时期、不同的国家，新闻媒体在体制上存在着不同的类型。目前，世界各国的新闻体制大体上可划分为三大类型：商业经济型——媒体作为一种私人或公司所有的企业；政治宣传型——媒体作为政党或国家创办的宣传机构；社会公益型——媒体作为一种为社会所有的独立性公共事业。不同的媒体在宗旨上有所区别，但有一点却是共同的，这就是传播新闻并非仅仅是为了满足受众的信息需要，而且还有着媒体自身的利益追求。换言之，在满足受众需要的同时，新闻也具有满足媒体自身需要的功能。

（二）新闻价值

1. 新闻价值的定义

新闻价值是一种客观标准，所以不管一条新闻传播的广泛与否，其新闻价值都是其自身所固有的，并不能说传播越广泛新闻价值越大。一条新闻传播的广泛与否，受到以下因素的影响：一是传播者的加工制作（传播者的议程设置）；二是传播环境，包括国家意识形态是否一致、制度政策是否允许、传播渠道是否畅通、传播技术是否发达等；三是受众需求，即受众应知而未知，与广大受众利益相关。所以说，新闻价值与新闻传播广度没有必然联系，一条新闻价值不那么大的新闻，也可能为大多数受众所知，而新闻价值大的也不一定会被受众津津乐道，大部分人关注的大多是娱乐新闻，而一些时事新闻所占的比例相对较小。

新闻价值指新闻客体对新闻主体的有用性，是事实本身包含能够引起社会各种人共同关注的要素，包括时效性、重要性、显著性、接近性、趣味性。

2. 新闻价值的要素

新闻价值是在传播实践中形成的概念。人们对新闻价值的认识还处在探索过程之中。新闻价值究竟包含了哪些要素，迄今为止尚无定论。学者们比较一致的看法，是"五要素"说：

（1）时效性

时效指在一定的时间限度内能起的作用。时效性是新闻价值的首要因素。新闻时效性越强，新闻价值就越高。时效性是任何新闻价值的必备因素，无论如何，没有时效性的新闻价值是不能成立的。具体而言，时效性表现为下面三性。

①时间性

时间是指新闻事实发生的具体时间。迅速传播事实，尽量缩短事实发生到新闻发布的时间间距，时间间距越短，时效性就强。国外有人曾经说，今天的消息是金子，昨天的消息是银子，前天的消息是垃圾，说的就是新闻要讲时间速度。从前的新闻以天来计算，到了现在这个信息时代，新闻的生命就变成以时计，甚至以分秒计了。时间性作为时效性因子，其效在速，贵神速不贵巧迟。

②时新性

某一时期最新的事件叫作时新，时新也是新闻时效。时新性的含义是新闻媒体普遍选择新近发生，或者大部分人尚且没有了解的事报道，将社会最新的资讯和消息呈现在公众眼前。这不仅是出于阅读体验的考虑，还是对报道传播能力的保障。凡是人们不曾知道的，或者不曾被真正了解的事物，如从来无人知晓的所在，正在触及的新问题，某种以前没有揭示过的观念变化，都具有新闻性，都有新闻价值。新闻固然要抢时间、争速度，但并非所有新闻都能抢到。在很多情况下，传播新闻只能确保时新。时新体现为时效性，其效在鲜，新色十足。

③时宜性

时宜即合乎当时的需要。一部分新闻有特定的发布时机，快了不行，慢了也不行，需要在那个特定的时机发布，这也是一种时效性。

（2）重要性

重要性即涉及绝大部分社会民众切身利益、能够影响民众的衣食住行而受到普遍关注的事，例如医疗保险、国家税收、节假日安排等。

重要性体现的是新闻与人和社会的互动关系。衡量新闻是否重要，主要是从两个方面加以考虑：一是新闻事件对人类社会的利害关系，关系越直接、越密切，越有新闻价值；二是新闻事件对社会生活的影响程度，影响越深远、越广泛，越有新闻价值。

（3）接近性

接近性指的是报道与受众者所处群体有所关联的内容。一般来讲，大部分人都比较关注与自身心理距离相接近的人与事，或自己所在地理区域内的新闻报道，这就是接近性的体现。接近性表示的是新闻与受众在空间距离和心理距离上的关系。距离越近，就越有新闻价值。在我国的新闻学研究中，接近性通常被分为以下两类：

①地理接近性

新闻事实发生的地点与新闻受众的地理距离越近，新闻价值越大。一般说来，受众首先想知道自己周围发生的事情，最想获悉本地发生的事情，乃至只想知道本地发生的新闻。在本土范围内发生的事情，要比外地发生而性质相似的事情更能引起受众的兴趣。地理上离受众很遥远的事，其新闻价值有限。地理上的接近性是新闻传播本土化的理论根据。

②心理接近性

由于职业、年龄、性别、兴趣等各方面的差异，人们在心理上存在着不同的群体，这些不同的群体在心理需求上也存在着较大的差异；而在这些各个不同的群体内部，其成员之间在心理需求上却具有较强的一致性。心理接近性就是指新闻与受众在心理需求上接近的性质。

（4）显著性

显著性是说新闻媒体倾向于选择名人名事、集团企业等主体报道，因为这些主体的知名度和影响力很高，报道基础非常广泛，能够引起大量关注，相关内容能够吸引许多人的眼球和关注。新闻价值的显著性主要指下列情形。

①人物、地点、时令的著名性

著名人物如党首政要、社会名流；著名地点如通都大邑、名胜古迹；著名时令如重要节日、标志性时间。以上事物因其著名，往往本身就是新闻。与此相关联的事物或事件，往往具有较高的新闻价值。

②事物或事实、事件的显赫性

事物或事实、事件在发生和发展的过程中，或因其巨大，或因其细微，或因其突然，或因其特别，总之达到与众不同的程度，就变得显著起来，知名度大，能见度高，于是成为有价值的新闻。

③事情的稀奇性、反常性

物以稀为贵，新闻也是如此。不常见的稀奇事，不同于一般，引人注目，能见度高，人们乐于知道，一睹为快。事情一反常态，一变常规，改变事情的物性与物理，甚至惊世骇俗，对社会造成强烈冲击，就变得显著起来。在社会现实生活中，稀奇与反常往往互相联系，稀奇的往往具有反常性，反常的往往很稀奇，所以尤为显著，乃至特别突出。

（5）趣味性

趣味性即新闻受众普遍青睐措辞朴实平和、具有人情味、内容轻松积极、使人愉悦的新闻报道，很多奇闻趣事都属于此类。这类报道属于"软新闻"（不关系人们的切身厉害，多作娱乐和开阔眼界、陶冶情操之用的报道，不一定具有时效性），虽然与普遍意义上的新闻有所差异，但确实是人们的普遍倾向。

一般说来，奇闻趣事、社会新闻、人物命运、感人事迹等，主要以趣味性取胜。趣味性表示的是新闻与广大受众在心理上和感情上的求知、求乐、求新、求异、求善和憎恶嫌丑的共鸣关系。趣味性越突出，就越能勾起这种心理和情感上的要求，也就越有新闻价值。

（三）宣传价值

1. 宣传的定义

作为一种社会传播活动，宣传由以下几个环节组成：

（1）宣传主体

宣传的主体是一定的社会组织。在通常情况下，一定的社会组织总是通过一定的代言人来开展宣传。因此，尽管宣传可能以一个人的形式出现，但宣传的主体并非个人，而是社会组织。

（2）宣传对象

宣传是一种针对性很强的传播活动，每次宣传活动往往是针对社会公众中的特定目标而展开的。

（3）宣传内容

一般地说，宣传主体总是从对自身有利的角度来确定宣传内容，选择有利于自身的事实、材料来宣传自己的思想观念、政治主张和方针政策。

（4）宣传场合

在宏观上，社会背景有封闭环境和开放环境之别；在微观上，不同的场合有不同的宣传气氛，宣传对象有不同的心情和心理定式，比如十数人参加的小型座谈会不同于成千上万人参加的广场集会，面对面的宣传不同于通过大众传媒展开的宣传。

（5）宣传时机

宣传主体总是选择对自己有利的时机开展宣传。宣传主体视具体情况而定：或掌握主动，先发制人，以快速传播有关材料；或等待时机，后发制人，将有关内容暂时压下，等到合适的机会才慢慢传播；或隐去不利于自身的信息，干脆秘而不宣。

（6）宣传动机

从根本上说，宣传的目的是让宣传对象的态度、信念、意见和行为等按宣传主体所希望的方向发生改变。宣传主体所希望的方向并不一定都是真的、善的、美的，也可能是假的、恶的、丑的。假、恶、丑的宣传可能骗得人们一时的信任，终将在历史的浪潮中灰飞烟灭。只有真、善、美的宣传，才能赢得人们发自内心的信任和拥护。

（7）宣传方法

宣传方法包括所采用的媒介、途径和宣传的手段、技巧等，高明的宣传者总是善于根据实际情况加以选择和利用。

2. 宣传价值的定义

宣传的方式多种多样，并不限于"利用大众传播工具"，刘建明主编的《宣传舆论学大辞典》列出了口头宣传、文字宣传、形象宣传、报刊宣传、招贴宣传、实物宣传、展览宣传、新闻宣传、公共关系宣传、立体宣传等众多条目，也很难说是穷尽了宣传的方式。这里对宣传价值的探讨，主要是指"利用大众传播工具"开展的宣传，尤其是媒体通过新闻而进行的宣传。

在新闻传播过程中，新闻价值是新闻满足受众认知客观现实变动情况需要的属性，而宣传价值则是新闻满足媒体宣传自己的思想观点、政治主张、权利要求等需要的属性。

3. 宣传价值的要素

一般地说，宣传价值的要素包含以下五个方面：

（1）一致性

这是指新闻能够充分地体现媒体所持的思想观点、政治主张和权利要求。在通常情况下，新闻作为新近发生或正在发生的事实，可能与媒体所持的思想观点、政治主张、权利要求相一致，也可能不一致。从宣传角度看，只有那些与媒体所持的思想观点、政治主张、权利要求相一致的新闻，才有宣传价值，媒体才会大量地报道；而不一致的新闻，则不具有宣传价值，媒体往往很少报道，或者干脆不报道。

（2）针对性

社会生活中随时都可能出现新的矛盾、新的问题，能够针对这些新矛盾、新问题的新闻，就有宣传价值，针对性越强，宣传价值就越大。

（3）普遍性

普遍性指新闻所包含的思想内涵对于广大受众具有普遍的教育意义、指导作用。新闻的教育意义越普遍、指导作用越强，新闻的宣传价值就越大。因为具有普遍意义和指导作用的新闻，能够引起最广泛的公众注意，能够启发人们在举一反三的思考过程中接受媒体所持的思想观点、政治主张和权利要求。

（4）典型性

典型性指新闻中的人和事在近一段时期内十分突出，具有高度的代表性，能够有力地说明媒体所持的思想观点、政治主张和权利要求。典型性强的新闻，可以发挥以一当十、以少胜多的作用，使人口服心服，产生良好的宣传效应。

（5）时宜性

时宜性指新闻报道要选择适当的时机加以发表，才能收到良好的或更大的宣传效应，避免引起不必要的思想混乱。在新闻传播过程中，时宜性既表现为"抢新闻"，也表现为"压新闻"。该抢的要抢，该压的要压。何时该抢，何时该压，全看对媒体所代表、所服务的国家、阶级、团体等是否有利。

（四）新闻价值与宣传价值的关系

一般情况下，现实生活中发生的各种新闻，在新闻价值与宣传价值的关系上存在着五种组合情况：

一是既有新闻价值，又有宣传价值。如党和政府的重要会议、重大决策，影响全局的重大事件，关系国计民生而又为群众所关心的各种重要问题。

二是有新闻价值，但有无宣传价值尚难断定。如一起空难或重大铁路、公路、航海交通事故。

三是有新闻价值，但与宣传意图相抵触。

四是有新闻价值，却没有宣传价值。如一些奇特的自然现象和新奇的趣闻轶事。

五是有宣传价值，却没有新闻价值。如一些领导部门的工作例会。

从微观上看，新闻价值是宣传价值的基础，宣传价值只有在实现新闻价值的过程中才能得到充分体现。在这个意义上，新闻价值是新闻传播的基本规律。但是，从宏观上看，宣传价值又总是或隐或显地主导着、控制着新闻价值的实现。即使在不讲宣传的西方新闻界，宣传价值也总是作为深层次的意识形态而制约着新闻价值的实现。

在实际的新闻传播过程中，宣传价值不仅制约着新闻价值，而且还不断渗透到新闻价值之中。一本新闻传播工具书在"新闻价值要素"词条中说，在我国一则新闻事实（或新闻信息）所包含的重要性、新鲜性、时效性、典型性、显示性（又称显著性）、指导性、接近性、可读性、参照性、启发性、开拓性、趣味性、人情味等。在这里，除了把一些既不属于新闻价值要素也不属于宣传价值要素的特性，如可读性、参照性、开拓性列进新闻价值要素之外，一个突出的特点是把属于宣传价值范畴的特性如典型性、指导性、启发性也列入了新闻价值要素之中。这种把宣传价值要素混入新闻价值要素之中的做法，本身也说明了宣传价值对新闻价值的渗透。

二、新闻价值的挖掘与实现

（一）新闻时效性价值的挖掘与实现

时效性是新闻价值的首要因素，新闻的可贵之处就在于它的"新"。从传统媒体时代乃至新闻诞生的那一天开始，抢时效就是新闻工作者最常见的事，新闻媒体报选题、审稿件、做报道也以最基本的时效性为其衡量标准。随着融媒体时代的来临，新闻报道从一纸化平面报道以及几种几乎脱离关系、以各自形式独立存在的报道发展成为内容整合、形式丰富、成体系、内在联系逐步优化的融合报道。融合报道拓展了新闻形成方式的可能性，这使新闻产品面临更大时效性的挑战，同时又给予新闻报道一种更高时效性的可能。

1. 新闻工作者获取第一手新闻信息的时间缩短

融合报道环境下的新闻工作者不再是绝对意义上的"等候电话"的人，靠体力拼时效的做法也随着新媒体平台的搭建被逐渐削减，跨媒体环境下宽广信息渠道的搭建和受众自主性的提高，让新闻工作者的主动性也随之进一步提升。

在新媒体环境下，新闻工作者获得近乎全方位的信息刺激，这一方面是由于社会传播大环境下的传播特征，另一方面来自其个人的社交媒体信息推送，这就避免了事件发生后由于闭塞周转，信息不能及时传递到记者那里的局面，也同时使记者不用事必躬亲地去求证，有效提高了新闻信息获取环节的时效性。

具体来讲，融媒时代进行融合报道而提升的时效性体现在以下两个方面：

（1）获取的信息充当新闻素材

记者可直接把获取的信息作为新闻素材，充实到自己的报道中去，使既有的报道形式更加完整，内在逻辑也得以延续，最关键的就是节约了记者亲力亲为的时间，这些素材就是现成的有效资源。

素材是指基于自媒体或者其他媒体对于某个事件或者某条新闻已经有过调查、整合得较详细的信息，或者是融合媒体中已产生的那些与自己报道主题相关联的多媒体资料。这实质上是新闻工作者通过更加广阔的新媒体信息平台完成了"到不能到之地，历不能历之事"，获取第一手的素材资料，并且运用到自己的融合报道中去，再以形式丰富的跨媒体报道呈现出来，即信息在新媒体之间的有效转移。一般来说，最先知道突发事件消息的人一定是在现场的人，而不是任何新闻机构。新闻工作者可以利用这一点，基于新媒体平台，共享这些当事人发出的信息资源，将其用到报道中。由此结余出更多时间，可以更有效地进行已有素材的优化组合，呈现形式丰富多样且深入的跟进报道，新闻报道的时效性因此大大提高。

（2）相对高效地获得新闻话题

新闻工作者还可以通过舆论观察获得话题，即新闻的由头。记者在获取有效由头后进而组织展开采访。

在传统报道环境下，记者获取新闻由头的渠道相对单一，信息由头传播到记者需要的时间也相对较长，信息辗转、丢失较多，清晰度降低，许多记者在获取报道主题后仍不能清楚地开展工作，准确地进行有效行动又是再下一步的事了。

融媒时代的融合报道具有明显的不同。这些通过新媒体手段获取的信息由头使后续的报道拥有更明确的指向性和目标感，报道效率得以提高，借助新媒体平台本身完成对信息由头的确定和拓展也同样提高了新闻的时效性。还应该注意的是，越来越多具有新闻价值的信息由头更容易在新媒体上涌现，更多的新闻将被挖掘，原来许多根本不可能被曝光的事件现在也有了时效性一说。

2. 融合报道环境下的新闻加工环节与时效性

受众看到的生产加工完成的新闻产品，以前是一份黑白报纸，或一档电视节目，而现在就是一个融合了视频、图片、文字、超链接、用户体验等众多形式的多媒体新闻平台。从新闻工作者那里获取到相对零散的、罗列状的信息，到以这些信息为基准加工成为具有一定产品性和推广性的新闻，其间存在一个复杂的过程。

和传统的媒体形式相比，融合报道已经脱离了单向输出的模式，不仅延续了过去获取信息、提炼要义、探索现象规律的功能，还就最终输出的成品形式实现了多维度、多方位的组合，甚至能用多媒体化的媒介承载获取的信息。当然，日益多元的信息组合意味着媒体工作者将承受更严格的时效性挑战，以更全面的能力应对新闻传递的加工环节。同时，以往的传统纸媒让文字记者承受着巨大的压力，文字作为主力军充当了大多数信息的出口。而现在的视频、图片、文字等众多"出口"并驾齐驱，迎合了用户对一种直观与深度并存的新闻报道的需求。融合报道由于这种加工重心的分散，减轻了某些高压"出口"的压力，均衡了各种形式的输出，在一个融合报道团队里，单位时间里将生产出更丰富、更全面的新闻产品，新闻时效性在这个意义上得以提高。

对于新闻加工环节的时效性问题，我们将其分为个人跨媒体加工、团队跨媒体加工两类情况进行讨论：

（1）个人跨媒体加工的时效问题

个人跨媒体加工的融合报道新闻要求一个新闻工作者承担起采访、整合图片、文字、视频，甚至更多技术平台的新闻报道任务，西方新闻媒介里的融合新闻在个体层面的标志是那些掌握了多种媒介技能的全能记者，这些人在美国还有"背包记者"等多种称号，他们掌握了全面的多媒体技能，能够为多种不同媒体提供新闻作品。

（2）团队跨媒体加工的时效问题

一般意义上讲，在追求新闻时效性的过程中，团队跨媒体加工无疑具有更大的优势。相比一个人要完成众多形式的融合报道，一个团队分工协作可以在单位时间里完成好几样作品，与个人跨媒体中对时效性、阶段性的追求不同，团队跨媒体加工往往是先作出各种形式的报道然后再整合发布，这是团队跨媒体加工分工化有效利用了时间的最好体现。

3.新闻信息逐渐实现即时传播

传统纸媒具有相对固定的发行时间要求，今天发生的事情，见报就得明天，许多突发事件和重要事件，即便我们在当时听说了或者经历了，想要获得事件全貌性的报道，也必须等待明天的报纸。在这一点上，电视媒体虽然比传统纸媒做得稍好，但碍于新闻节目录制的需要，新闻信息的传播往往也是等待严格的节目录制审核完成之后才能发布。也就是说，传统报道的弹性不高，事件发生后并不能立刻就通过报纸、电视进行发布。

融媒时代融合报道的诞生和发展赋予信息传播一种新的可能。基于更快、更新的传播技术平台，加之受众自主性的提高，受众与媒体拥有了更全面的互动，甚至受众自己也充当着传播源，信息的传播呈现即时化的状态。很少能有新闻再需要"被等待"，融合新闻的传播过程进一步提高了时效性。

4.信息发布者将更加及时获取有效反馈

"反馈"一直是媒体机构十分重视的，却由于传统报道里种种客观条件的缺乏而始终未能得到有效开展的一个环节。可以说，受众希望反馈自己接收信息后产生的想法，媒体也希望获得受众的有效反馈进而改善报道。但是在传统报道里，新闻产品发布的平台（报纸、电视、广播等）往往与受众反馈的平台脱离，受众只能观看报纸、电视上的新闻，却不知道怎样对媒体机构或新闻事件本身进行有效评论、反馈。于是更多的反馈变相成了自言自语、茶余饭后的闲扯唠叨，或小范围的浅谈辄止。有效的反馈不能作用于后续新闻的推进上，也不能到达信息发布者那里，许多有价值的、将会推动事件新闻进一步发展的反馈要么干脆就无法传递，要么就需要繁杂的程序才能到达。

反馈环节的弱化，导致传统报道中呈现出单线型的报道模式，从发布者到受众，新闻报道承载信息在单向传递中完成了使命。融合报道背景下，受众的反馈环节得到空前加强，反馈的意义已不在于对新闻的细枝末节的补充和"画上句号"，而是更加直接地作用于新闻事件本身，成为双向传播逆向的"起点"，往往在反馈中产生有价值的新线索，在反馈中深入了报道，甚至在反馈中开启了新的报道。

关键是，这种有效反馈以更加迅捷的速度得以呈现，它携带的信息也更具时效性地得以传递。作为融合新闻报道的日趋重要的一个环节，它的及时化无疑带动了新闻报道整体时效性的提高。

(二) 新闻接近性价值的挖掘与实现

新闻传播既是一种时间的艺术，又是一种空间的艺术。新闻传播的一个重要条件就是环境，新闻传播总是在一个相对稳定的时空环境中存在和运行。"具有时间根据的新闻事实能否成为人们特别关注的新闻事实，还要受制于各种距离根据，这种距离根据就是各种各样的接近性。"[1]

新闻的接近性作为新闻价值评判的标准之一，标示着新闻报道和受众的距离，和读者关联更加密切的新闻报道将受到更多的关注，进而具有更高的新闻价值。新闻工作者要努力做的，就是拉近自身与受众之间的距离。

传统报道在这个问题上具有一些先天的不足。传统纸媒为了照顾到受众的接近性，一方面只能通过自身媒体的定位来实现，另一方面，传统纸媒报道更多的是通过机械的地域接近性获得一群受众的某种心理注视。融媒时代的融合报道更多以事件本身为中心，和传统媒体包装平台不同，其更重视包装报道内容，一篇成熟的融合报道依托于宽泛的互联网和普及的受众终端得以发布传播，这就让具有接近性的新闻都可以有一个空间得以报道，并不迁就于某种特定的媒体定位。

1. 个人化新闻的拓展

（1）融合报道基于社交媒体提供私人化的内容

信息化时代，受众的关注点在新媒体环境下超越了地域的束缚，并不是离得

---

[1] 郭齐勇. 天地间一个读书人熊十力传[M]. 上海：上海文艺出版社，1994.

越近就一定引人注意，相对更虚拟的人际关系网越来越成为新的关注范围，加之现代人物理空间移动的迅捷化，于是更多的媒体将重心放在了相对固定的人际关系空间上，以获取和受众的某种亲近感。

基于社交网络的新闻报道很大程度上适应了这个趋势。由于大多数的社交媒体都是融合信息的发布平台，融合各种形式的信息可以直接在平台上发布传播。

顺应受众社交媒体化的趋势，专业的媒体机构也在有意识地向这方面靠拢，同样基于互联网的融合报道越来越多地投入到社交媒体中去，这种信息载体最好的体现便是脸书（Facebook）在2010年添加的新闻搜索功能，供用户利用关键词搜索站外新闻，成为新闻内容的提供商。

更为重要的是，就跟每个人用谷歌浏览器搜索相同关键词也会得到不同的搜索结果排序一样，每一位社交网络成员也将会获得与自己个人关系最为密切的搜索结果。虽然Facebook没有透露相关的搜索原理，但是基于用户个人信息的基本筛选能被初级人工智能所捕捉。融合报道的内容并不直接参与这个流程，但是作为社交媒体里个人化关系新闻推送的最主要内容和形式，其以最能够满足受众的多方位观感的优势使用户们通过社交媒体获取信息成为可能。

（2）基于新媒体互动背景的融合报道产生了定制化新闻信息

定制化新闻，成为新媒体环境日益成熟之后的一大新闻发展潮流。定制化新闻最大限度地被受众的灵感带动，受众想看什么选择什么，那么其主动选择的内容一定是与受众自身的心理活动有密切关联的。

定制化新闻的"定制"更多是技术层面上的依赖，基于互联网传播的关键词搜索使其成为可能，这与依托于互联网助力的融合报道产生了紧密的关联。

2. 地域性新闻报道更加精准

（1）LBS等新技术使地域化新闻的定位更精准

基于位置的服务（Location Based Services，简称LBS）是基于对用户移动位置的确定之后，运用信息平台为用户提供相应服务的增值服务。这项服务的两个关键步骤是：第一，锁定用户的位置；第二，提供相应位置范围内的信息和服务。

融合报道提供的思路在于，在移动的地球村里，我们只是从一个村落到了另一个村落，我们渴望认知，融合报道让更多的信息来拥抱我们，我们并不孤独，而是被人关注，这无异于提醒着我们自己的主人公角色。

这种情况下，手机地图应运而生。手机成为受众的同位体，我们到哪都随身带有手机。手机的这个特性，使其被开发成为有效的移动终端，也是LBS移动性的最佳载体。当我们的位置被检索到后，手机地图提供给我们的是周边涵盖各门类的信息，以及实时发生的新闻报道——按照融合报道的思路来讲，这并不是简单的当地新闻，而是一种交集，换作是另外的人，就会推送有不同性质的当地新闻。这一方面是媒体主动权的回归，受众"被关注并被服务"比自己去摸索新环境更易建立亲近感；另一方面，融合报道克服的技术难题让地域接近性的效果大大提高，它不仅定位了"我"的位置，还定位了"我"的生活背景，提供了"我"内心需要但在意料之外的新闻。

（2）地域化综合网站为融合报道提供了接近性素材的可能

地域化综合网站是门户网站发展过程中的分支产物，它随着门户网络的发展而逐渐发展成具有相同生存空间，持有相同生活话题的人群的虚拟社区。它的用户多是相应地区的居民，由于地理距离的接近和文化背景等因素的相似使网站信息相对"综合"，可以涉及上至科教文卫下至柴米油盐的信息，也能够更加及时地反映出一些问题。

地域化综合网站也为融合报道所关注，其每天生产出的大量信息成为融合报道筛选的素材库，媒体工作者利用地域化综合网站，在长期使用中能够较为清晰地把握一个地区的人群的价值取向和阅读兴趣，也能够获取更具有接近性的报道话题——这是一个良性循环，媒体工作者获取的是民众披露的热点话题，对这些话题的报道思路又贴近当地民众的价值观和兴趣，从始至终都与该地区的受众具有地域上、心理上的接近性。

融合报道能做的是近一点，再近一点，与地域门户网站的互动合作是深入接近的驱动力。新闻工作者需要保持适当的敏感度，对自己报道的地域接近性标准做更高的要求。

（三）新闻显著性价值的挖掘与实现

融媒体环境的变化，也影响了传统意义上新闻价值要素中的显著性价值。传统意义上的新闻显著性价值，是指新闻事件参与者及其业绩的知名程度。一般而言，事件参与者的地位和业绩越显赫，新闻价值就越大。

融媒体环境对"新闻显著性价值"的改变首先体现在显著性外延的扩展上。简而言之，融媒体环境所带来的新的社交平台及广泛应用的自媒体工具，拓宽了名人报道的渠道。这种扩宽不仅体现在原有的机构媒体能更便捷、更多方位地报道名人新闻，还体现在名人有了私人化的发声渠道，能随时随地进行"自我报道"。融媒体时代，传统的新闻显著性有了更多的实现空间和呈现形式，显著性的外延被大大拓展。

1. 显著性外延的扩展——名人报道的变化

在信息爆炸和媒介多样化的新时期，新闻受众或者说用户面临着信息泛滥下的选择困惑。随着越来越多的人、机构、集团拥有向公众发声的能力，很多新闻事件、社会焦点问题往往被演绎成一场现实版的《罗生门》。在这种情况下，受众和用户就会更多地思考："谁说的话更可信？""我应该采用谁的观点，筛除谁的观点？"因此，名人、权威、专家等各种意见领袖的叙述和评论，就获得了空前的重视。在融媒体环境的新时代，新闻报道中的名人效应被进一步扩大。

（1）具体现状

新闻更重视"名人的声音"，在新兴的社交媒体中有非常明显的体现。而事实上，这种"显著"新闻的崛起不只体现在社交媒体等新兴媒体中，报纸、杂志、电视等传统媒体也在重新审视名人在新闻传播中的作用，并积极作出适应时代的调整。总之，名人作为一种宝贵的舆论资源，已经开始被各大媒体竞相争取和培养。

新闻的显著性价值在融媒体环境中的变化，不仅仅体现在机构媒体层面。自媒体这种具有革命性意义的传播工具，开始成为名人拥有的私人"独立发声器"。微博、SNS网站等形式的自媒体平台，相对于通过传统媒体发表言论，有着更多的优势。独立、便捷、低成本、实时性、全时性和粉丝之间强大的交互性这一系列的特点，都让自媒体成为名人的新宠。

（2）调整名人报道策略

面对上述融媒体环境下新闻内在价值要素的变化，新闻传媒工作者可以采取以下一些措施来应对：

①掌握名人资源

随着新闻报道中名人效应的进一步扩大，掌握更多的名人资源，并且与之建立长期的资讯和言论方面的合作，已经成为媒体扩大影响力的重要环节。新时期的一些新媒体，如微博、博客、社交网站等，可以通过积极争取名人使用其媒介平台，来提高整个平台的用户吸引力，并提升用户的使用黏性。一般意义上的新闻传播机构，则应该更加重视建立、培育和各界舆论领袖之间的关系，并加大名人新闻和名人言论的采写编评比重。从实操层面来看，同样是争夺名人资源，不同的媒体，根据各自的媒介定位和价值倾向，存在着不同方式的发展战略。

争夺名人资源的理想状态是一种双赢局面，通过长期关系的建立，名人为自身开辟出自我炒作渠道，他们可以自己掌握炒作的方向，而平台提供商则通过获取持续的关注和访问形成品牌，久而久之平台自身也可具备"显著性"这一媒体特征。

②调整名人报道思路

名人由于掌握了新的自媒体发声渠道，因而降低了对媒体机构的依赖度。这种形式的变化，对于新闻工作者的影响未必就完全是负面的。挑战中还蕴藏着巨大的机遇。

首先，自媒体不只是名人的"专利"。名人中本来就包括一些知名的记者、编辑、主持人、评论家。也就是说，传媒人本身也可以借助自媒体等新兴传播媒介来扩大舆论影响力。传媒人还可以通过一些个性化的自媒体发声渠道来扩大影响。

其次，名人使用个人化媒体，除了名人自身炒作、宣传自身的影响外，对于专业媒体机构来讲，这也是一个获取有分量的新闻由头的渠道，许多媒体工作者浸淫在社交媒体里关注名人动态，敏锐捕捉他们身边的新闻，名人身份加之其自我炒作的需要也就决定了新闻的显著性价值。

名人在使用社交媒体的同时，其实也为传媒机构和新闻人提供了很多联系名人并与之进行互动交流的新渠道。很多新闻事实和资讯，其实就可以直接从名人的日常微博中发现，或者通过微博对名人进行采访，又或者从名人的微博直接获取其观点。

名人自媒体对于新闻媒体而言有着巨大的创新空间。截至目前，不少基于名人自媒体的新闻报道的新形式已经涌现。比如，越来越多的报纸、杂志开始增加"微博言论"或类似的板块，用以摘录最近微博平台上很多名人、专家对社会问题、新闻事件的解读。再比如，新浪微博推出的"微访谈"模式，为名人和广大微博用户之间的直接交流搭建了一个平台。这种"微访谈"模式其实有很多创新之处。例如，虽说是访谈，但是没有专业记者出现，普通微博用户成为公民记者，向"到场"的名人嘉宾直接提问。在此过程中，微博用户原生态的提问都会直接呈现，而且能实现和名人、偶像的直接对话，现场感强，互动性高，因此能吸引数万用户参与和围观。

综上所述，新的变化给新闻人提出新的挑战，但也提供了更多的创新形式。

2. 显著性内涵的加深——普通人报道的价值挖掘

在当今新媒体和媒体融合浪潮的冲刷下，传统意义上新闻价值的显著性，不仅发生了外延上的扩展，还有了内涵上的新变化。不仅人们长久以来信奉的"名人名地多新闻"有了新的平台、新的运作方式和新的传播规律，而且在传统的"名人新闻"领域之外，人们发现一块新的新闻场域正在迅速形成并壮大。

融媒体环境全新的新闻理念、手段和平台，使普通人可以通过报道一举成名，并接连产生围绕他们或他们设置的新闻话题。通过融媒体环境的途径，这些普通人甚至会演变成为一名或大或小的网络红人，从而掌握一定的新闻话语权。

在这样一个融媒体环境的新时期，传统新闻价值中显著性的内涵发生了微妙的变化，它不再局限于当事人的知名度和显赫性。普通人身上的故事，不管是本身反常、新奇，还是折射时代焦点，都可能产生巨大的新闻传播能量。同时，普通民众随时有可能通过自媒体等方式，瞬间成为显著性很高的新闻人物。

普通人新闻的产生发展，是两方面趋势共同推动的：一是需求层面，即人们对普通人新闻的认同和需求的增长；二是生产层面，即媒体加大报道和普通人自产新闻能力的获得。

新环境下，新闻受众或用户的一个新特点，就是对"微内容，大格局"型的新闻报道显示出巨大的偏好。融媒体环境下，综合融合文字、照片、图表、视频等多媒体形式的新闻内容，以及结合纸媒、电视、网络、移动终端的呈现载体，非常适合具体而细微地再现一个普通民众的生命境遇和现实难题，而这恰恰符合了广大受众和用户对新闻的某种心理期待。

当下新闻工作者已经不能再仅仅重视传统的名人、权威、专家的采访报道，还需要挖掘"平凡人的故事"，采用"微内容、大格局"的报道方法，深度展示社会真相。今天的新闻工作者还需要重视那些普通人的动态和观点。因为他们往往也会暴发很强的传播能力。专业的记者和传媒机构甚至可以尝试与普通人合作，实现优势互补。

第二节 融媒时代新闻传播的舆论引导

融媒时代，新闻传播与舆论之间具有极其密切的关系。一方面，新闻传播有反映和传播群众舆论的责任；另一方面，新闻传播还能反过来影响舆论，引导社会范围内的思想、行为等，监督政党和社会团体的行为。本节将重点分析融媒时代的新闻传播舆论引导。

一、新闻传播与舆论的关系

现代社会中，新闻传播与舆论之间建立起一种天然的、密切的关系。新闻传播凭借其自身的特性，不时介入舆论产生和作用的各个环节中。这种介入，构成了它与舆论的千丝万缕的关联，归纳起来，主要体现在以下三个方面：

（一）新闻与舆论的关系

新闻界被称为"舆论界"，讲舆论必及新闻，论新闻必及舆论，否则就阐述不清楚。至现代社会，两者的关系更加紧密。

1.舆论是新闻内容重要的建筑材料

（1）新闻必然反映社会舆论

第一，新闻直接反映舆论，这是新闻内容和新闻规律的硬性规定。不然，何以言真实地反映社会现实？何以言准确地界定社会环境？何以言全面地记录明天的历史？所以，对于那些颇有影响力的社会舆论，传播者视之为新闻宝藏，总是争相反映。

第二，"舆论新闻"是新闻传媒"有声音"的重要标志，是新闻传播"三贴近"的显著表征，颇能造就影响力与公信力。刘少奇在《对华北记者团的谈话》中讲记者怎样全心全意为人民服务时指出："你们要了解人民群众中的各种动态、趋向和对党的方针政策的反映。……要采取忠实的态度，把人民的要求、困难、呼声、趋势、动态，真实地、全面地、精彩地反映出来"，"人民的呼声，人民不敢说的、不能说的、想说又说不出来的话，你们说出来了。如果能够经常作这样的反映，马克思主义的记者就真正上路了"①。

第三，"舆论新闻"是"叙言"的，有益于新闻传播在总体构成上形成合理的结构，使之兼备"左史记言、右史记事"的全面性。新闻界有"叙言新闻"之说。那么，何谓叙言新闻？简言之，就是"言议报道"，主要指那些报道某种见解、看法、论断、主张的新闻。凡是以社会舆论观点、权威人物意见、会议精神、文件内容、政策信息、学术论点等为报道对象的新闻，一般都属于"叙言新闻"。由此来看，"叙言新闻"也便是"舆论新闻"。在中外新闻史上，许多"舆论新闻"都是最有影响的新闻。

（2）社会舆论是重要的新闻事实

作为公众意见，舆论和舆情直接反映了社会现实，反映了社情民意，因此，舆论径直产生新闻。许多社会舆论属于本色的新闻事实，一经报道出来就构成"舆论新闻"。深入一步看，重要社会舆论所涉及的问题，通常是社会的热点问题、焦点问题，与国计民生关系很大；通常属于实际问题、具体问题，在老百姓生活中显得实在、迫切。因而舆论往往不只是仅仅值得报道，而是大有报道价值，报道出来即能引起广泛关注，乃至引爆社会舆论。总之，种种社会舆论非报道不可，新闻里必有"舆论新闻"一目，不然就"走漏"了新闻。

2.新闻与舆论具有交叉性来复式互动关系

在新闻传播和社会生活中，新闻与舆论的关系并非只是如上所述，彼此泾渭分明而简单化，而是往往发生和呈现一种交叉性来复式互动关系，亦可谓新闻舆论与社会舆论的联动关系。即由新闻→舆论→新闻→舆论，或由舆论→新闻→舆论→新闻，新闻和舆论两者胶着在一起，循环往复，构成"回合"甚至多个回合。其间，上一个回合启开下一个回合，后一个回合承接前一个回合，一个回合比一个回合更深入、更强烈，从而直抵事情的真相和问题的解决。主流媒体的情形经常是这样，在网络媒体和网络舆论以及由网络媒体引发的新闻和舆论中更是司空见惯。

---

① 刘少奇.对华北记者团的谈话（1948年10月2日）[J].新闻战线，1998（12）：5-8.

新闻与舆论的这种交叉性来复式互动关系，通常发生在重大新闻的报道与评论中。它同时属于新闻和舆论，是新闻与舆论关系中最为密切的情形，也是极为精彩的情形。只有那些够分量的新闻和够分量的舆论同生共至，情形才会如此。出彩的新闻报道必然获得社会舆论的喝彩，报道连续出彩便会获得社会舆论的一再喝彩；某种社会舆论一经新闻传播就转换为新闻舆论，这种新闻舆论即刻对社会舆论发生影响。这种情形有一时的，也有此时接彼时的。

（二）新闻媒介与舆论的关系

1. 新闻媒介会引导舆论

新闻媒介的一个重要作用就是引导舆论，即通过向社会公众提供大量准确、及时的信息，供人们了解外界变化，作为决策参考和行动依据。事实上，现代新闻媒介很多情况下已上升为舆论的积极引导者。这种引导主要体现为两点：

（1）通过直接或间接的意见表达引导公众意见

新闻媒介的报道中一般都含有特定的意见倾向，有可能是直观的评论，也有可能是详尽的陈述，但都有引导舆论的作用，这就是所谓的"用事实说话"。

按照德国学者传播诺依曼的"沉默的螺旋"理论，和媒介中主流观点持相反意见的人，会由于害怕被排斥而保持沉默。而结果就是，在劣势意见的沉默和优势意见的大声疾呼中，占据压倒优势的意见以螺旋形式扩展加强，最终变成了一种优势社会舆论。简单地说，就是每个人都因为害怕被排斥而不敢表达不同的意见，那某一种初始的优势意见就会因为没有人表达不同而不断加强，最终变成一个大螺旋。

在现代社会，因为人们习惯将新闻媒介作为公众的代言方，因此其意见传播范围广、影响力强而持久，给人以权威感，这是媒体意见的独到优势：容易成为"多数意见""主流意见"。无论如何，这种现象是新闻媒介对舆论最直接的作用形式，体现着媒体在社会环境中强大的影响力。

（2）通过持续不断的信息流，构筑现代信息环境，引导舆论

现代人已日益浸润在媒介信息的汪洋大海中，人们眼中的现实，是媒介有意无意地营造出来的媒介现实，是媒介拟态环境。信息是舆论的建筑材料，它决定着人们对事实掌握的程度和对外界的感知，是意见态度形成的基础，是人们判断

的依据。公众在形成意见态度的过程中，实际早已不知不觉间受到媒介信息环境的制约，这种信息钳制式地做着引导，若隐若现，潜移默化，作用更持久，作用力也更大。

2. 新闻媒介会引发舆论

舆论的构建是不能脱离意见指向的，媒体人一定要充分了解特定的公共事务，以及其与自身的关系，才能发表合适的意见。而公众接收到的信息中，有很多都来自新闻媒介，因此可以说，公众对许多公众事件的了解也都来自新闻媒介，甚至人们对外界信息的看法和重视程度也取决于新闻媒介的描述。比照传播学中的"议程设置"理论，人们生活在由新闻媒介提供的源源不断的信息流中，新闻媒介也许不能从根本上决定人们如何判断和思考，但至少能在很大程度上决定人们思考什么、关心什么。这种理论认为，新闻媒介报道外界信息是经过仔细筛选与过滤的，并采用种种手段把媒介认为重要的信息加以凸显，使之成为公众焦点，进而引发公众舆论。这是一个严格选择与精心突出的过程。新闻媒介设置的议题常常衍生为舆论的源头——公众关注的公共问题（事务），这是新闻媒介长期、潜在地影响舆论的一个最重要手段。

3. 新闻媒介会反映并代表舆论

大众要想在社会实践公开表达自己的想法，并产生足够的影响力和吸引力，形成统一的意见，也要借助媒介的作用。新闻媒介履行的是面向全体社会成员的大众传播，对社会全面开放，其传播涵盖范围之广、公开程度之高，都是其他传播渠道所难以比拟的。与此同时，新闻媒介活动在传播过程中又常常表现为持续、大规模地运作，这样才能在社会范围内产生影响，公众才能受到感染，并自觉参与到信息的传播和评论中来。从这一方面来说，新闻媒介是为社会舆论服务的，它的传播渠道和传播方式为社会舆论的传播奠定了基础。因此，舆论形成的自始至终，都常常少不了新闻媒介这条最公开的渠道。也正是由于新闻媒介对社会舆论的这种承载作用，新闻媒介与舆论之间也具有十分密切的关系，再加上新闻媒介传播活动的日渐职业化、专门化，久而久之，新闻媒介便成为专职性的舆论工具或舆论机关。因为新闻媒介能直接、频繁、大众化地反映公众意见，所以其已经从表达渠道转向"公众代言人"的身份，成为"广泛的、无名的社会舆论的工具"①，这就是"拟态公众"。这样，在不经意间，新闻媒介在舆论领域实际已同时扮演了公众论坛和公众代言人的双重角色，它既是舆论的载体，又常常是舆论主体（公众）的影子。

（三）新闻事业与舆论的关系

舆论是流动的社会意识，而新闻媒介由于担负着沟通与联系的功能，是舆论流动的"渠道"。

从历史发展来看，新闻事业是适应政治斗争的需要而产生的，是为了制造舆论而产生的。从新闻事业所处的社会结构来看，大众传播媒介位于上层社会控制和广大成员之间的中介领域，能使某种公德和社会规范得到宣传和明朗化，广为人知，取得社会的承认，并用带指导性的思想倾向指导人们的社会实践，以达到协调和发展社会、不断推动社会进步的目的。新闻媒体反映舆论的功能，要求我们在宣传工作上把握舆论的脉搏，顺应舆论主流，贴近群众利益，反映群众呼声，讲群众之所想，呼群众之所求，为群众放言，代群众说话。

作为社会舆论的载体，新闻媒介不仅仅被动地反映舆论，同时也主动地对它施加影响，传播者会以各种新闻手段和舆论手段影响受众，同时他们也要接受社会对他们的规范。

二、新闻传播的舆论导向

（一）新闻传播舆论导向的原则

正确的舆论导向，能够凝聚人心，振奋精神，激励斗争，促进团结；而错误的舆论导向，会混淆视听，涣散人心，瓦解斗争，造成政治、经济和社会不稳定的严重后果。因此，新闻传播必须坚持正确的舆论导向，这就要求新闻传播在引导舆论导向时必须遵循以下几个方面的原则：

1. 党性原则

新闻事业是党的事业的一个组成部分。作为无产阶级新闻工作的基本原则，党性原则可以说是新闻传播舆论导向所要遵循的最基本原则。这是做好新闻舆论

---

① 马克思，恩格斯.马克思恩格斯全集：第7卷［M］.中央编译局，译.北京：人民出版社，1956.

导向工作的一条最基本的原则，任何时候都必须坚持，落实到新闻实践活动当中去，必须按照党所规定的行为准则来进行新闻传播活动。否则，就会方向不明、是非不清，会被金钱和名利所干扰，难以做到正确引导舆论，新闻舆论导向就会走偏方向。

2.有效性原则

新闻传播舆论宣传还要遵循有效性原则，将人民群众放在第一位，要面向群众，深入群众，了解群众的需要、要求愿望和呼声，使宣传内容与人民群众的愿望相联系，并贴近群众的觉悟水平、认识能力和判断能力，使宣传切实有效。切忌表面上声势浩大，实际上脱离群众实际，并宣传群众不需要、不理解或暂时不能接受的思想观点，这样的宣传是将宣传者自身当作宣传对象，而非将人民群众当作宣传对象，对这样的宣传，人民群众不会有感应，只会导致宣传失败。

3.正面性原则

新闻传播舆论宣传要以正面宣传为主。坚持以正面宣传为主的原则，就是要慎重地鉴别和筛选群众中自发产生的、多种多样的舆论，放大、扶持、推动积极有利的舆论，阻止、限制、转化消极有害的舆论。

以正面宣传为主的原则是由我国国情决定的。当前，我国的政治、经济、文化正处在重大变化期，这种变化的主流是好的，方向是对的，前途是光明的，但在变化的过程中难免会出现各种问题。因此，作为社会新近变动的反映，新闻舆论要坚持以正面宣传为主的原则，引导人们看清主流，看到光明，看到前景，看到希望，增强信心，鼓舞斗志。此外，我国的新闻媒介是党同人民群众的"耳目喉舌"，要为社会主义现代化建设、精神文明建设和民主法治建设服务，要维护国家统一、民族团结，要以实现社会稳定和政治稳定为历史使命，这也要求新闻舆论宣传要创造正面的社会效果，正确地宣传党的理论、路线、方针、政策，唱响时代的主旋律，讴歌人民群众的伟大实践，以科学的理论武装人，以正确的舆论引导人，以高尚的精神塑造人，以优秀的作品鼓舞人，使新闻舆论传播在建设中国特色社会主义的伟大事业中发挥有力的思想保证和舆论支持作用。

（二）新闻传播舆论导向的形式

在长期的新闻实践中，新闻传播形成了多种舆论导向方式，具体来说，主要包括以下几种：

1. 参与式启导

参与式启导就是让新闻受众直接参与新闻传播活动，现身说法，以影响社会舆论。参与式启导主要包括发表受众来信、问题讨论、点评节目、对话交流、民意测验等方式。在我国，新闻媒介经常刊播受众的来信、来稿，也经常让受众参与重大问题的讨论。

2. 正面启导

正面启导是新闻舆论导向中最常见、最重要的一种方式，主要是指新闻媒介要运用各种评论形式，如社论、评论员的文章等，发表自己对某一社会公共事务和社会问题的意见，阐明自己的立场、态度和主张，从而影响社会舆论。

3. 典型启导

典型启导就是通过对一定历史时期内出现在同类事物中最具代表性的人或事进行报道来影响社会舆论的方式。典型报道是社会公众认识世界的桥梁和窗口，能够为社会公众提供一个学习和模仿的"模特"，正如毛泽东在《矛盾论》中所说，就人类认识世界的秩序来说，总是由认识个别的特殊的事物，逐步扩大到认识一般的事物。人们总是首先认识了许多不同事物的特殊本质，然后才有可能更进一步地进行概括工作，认识诸种事物的共同本质。

典型报道是我国社会主义新闻事业的一大特色，在长时期的新闻实践中，新闻工作者们对雷锋、焦裕禄、孔繁森、张素丽、王进喜、李素丽等典型人物的报道，在社会舆论导向中发挥了重要作用。可以说，典型启导是党的思想方法和工作方法在新闻工作中的反映，是新闻传播规律的具体运用。需要注意的是，典型报道要对典型人物进行"人化"的宣传，而不是"神化"，报道要适时、适量、适度。

4. 警示式启导

警示式启导指的是对不利于实现社会目标、建设社会规范的思想和行为进行曝光、批评和舆论监督，让新闻受众从中受到警示，从而从反面或侧面引导社会舆论。

简而言之，新闻传播舆论监督就是对社会运行中的偏差行为进行矫正和制约。作为新闻舆论导向的一种重要方式，新闻传播舆论监督是一种多层次、全方位的社会监督，其监督对象主要包括党政权力机关的整体行为、社会团体和经济实体的群体行为以及公民的个体行为。在实现监督的过程中，新闻媒介一旦发现不利于实现社会目标、建设社会规范的思想和行为，应立即予以报道、批评，不能只告诉人们"什么不对"，还要以正面引导加以配合。需要注意的是，警示式启导要把握好"度"，不可太多、太滥、太密，否则会给社会公众一种错觉，进而产生负面效应。

5. 开放式启导

开放式启导指的是增加新闻报道的透明度，将某一社会变动的发展变化过程清清楚楚地展现在新闻受众面前，让新闻受众从中受到启发。开放式启导主要包括现场报道、广播电视中的直播式剪播、进行式连续报道等方式。

开放式启导是开放型社会环境的要求，在这种环境中，新闻传播要增加透明度，只要不涉及党和国家机密，重大事情，尤其是那些对人们的思想行为能产生重大影响的新闻事件，要尽可能快地让人们知道，以"先入为主"来引导社会舆论；同时要增加具体新闻事件报道的透明度，将新闻事件的现场、发展变化过程等直接而真实地展示在受众面前，让受众自己去思考、去判断，得出结论。

（三）新闻传播舆论导向的艺术

1. 增强针对性

针对性是指"有的放矢"。新闻舆论引导要针对什么？一言以蔽之，就是针对实际。一是针对社会生产生活实际。要掌握上情，了解下情。并且，要找到上情与下情的对接点。只有吃透两头，既合乎上情又合乎下情，引导效果才会好。二是针对社会舆论实际。要确切了解此时此刻社会舆论的热点、焦点和节点，知悉人们在议论什么，主要观点是什么。如果根本不知道社会舆论即将发生，甚至闹翻天了还懵懂不知，就谈不上舆论引导。

强化新闻舆论引导是切实加强对突发事件特别是重大突发事件的舆论引导。突发事件是指突然发生，造成或可能造成严重社会危害，需要采取应急处置的自然灾害、事故灾难、公共卫生事件和社会安全事件等。这种事件一是事发突然，具有震撼性，而又情况不明，风险难估；二是事件具有负面性和危机性，情况复杂，矛盾交织；三是容易为人利用，而且总有人想要加以利用；四是当今的突发事件往往很快被上传到了网上。所以，突发事件最需要正确的舆论引导，突发事件的舆论引导最能体现舆论引导能力。

加强对突发性事件的舆论引导，在于抢占舆论制高点。第一，直面事件，主动及时真实地报道事件真相，抢夺第一落点发布权威信息，把握好事发后12小时、24小时和48小时三个时间节点，赢得舆论引导的主动权。第二，多谋善断，准确把握事件的性质，以降低事件的危害性为准则安排媒体议程，掌握舆论引导的必要强度，拿捏好公开透明的"度"。第三，多种媒体多管齐下，高度重视互联网和其他新媒体，形成正确引导舆论走向的合力。第四，加强对事件走向的动态引导，准确了解和研判舆情，有效地监控负向舆论，反击各种谣言和谎言，提高舆论引导的针对性和有效性。第五，平日未雨绸缪，提高对突发性事件的前瞻性和预判力。

2. 优化新闻议程设置

"议程设置理论"由美国传播学者马克斯韦尔·麦考姆斯和唐纳德·肖提出。该理论认为，大众传播往往不能决定人们对某一事件或意见的具体看法，但可以通过供给信息和安排相关的议题来有效地左右人们关注哪些事实和意见及他们谈论的先后顺序。议程设置是新闻传播的常规动作，也是高难度动作。规模和高度决定舆论影响力，高明的新闻议程设置，亦即高超的新闻舆论引导艺术。

优化新闻议程设置须善用典型报道。"典型"是指那些代表性特别强、内涵特别深刻的典型事例和典型人物，一个典型就是一大群、一大片、一大类，一经报道，就会有舆论反应。因而，典型报道一出，就能形成舆论引导。报道正面的典型，典型的先进人物具有榜样意义，典型的先进经验具有示范作用；报道反面典型，提供反面教材，能给人以深刻的警示。

典型报道必须确保可靠性。新闻典型应该是完全真实的，应当从社会生活中和群众实践中去发现活生生的典型，而不能从某种政治需要出发炮制典型。典型报道应当实事求是，对正面典型要不拔高、不美化、不神化。只有完全真实的典型报道才能起到舆论引导的作用，假的典型报道只会适得其反。典型报道要有时代感，典型属于它自己的时代，有其产生的特定环境，它反映时代真相，或引领时代潮流。一个时代有一个时代的典型，报道典型要充分发现它的时代意义，时代意义越显著，越能有效引导舆论。

3. 办好新闻评论

新闻舆论引导要打新闻"组合拳"，动用新闻的"十八般武艺"，尤其要注重发挥新闻评论的独特作用。新闻评论在新闻传播中，起开路、举旗、定调的作用，是新闻传媒的灵魂和旗帜。在引导社会舆论、影响人心所向等方面，新闻评论有着巨大的社会功能，常常是一篇好评论抵得百十篇好报道。新闻评论的舆论引导艺术，首要的是准确地把握时代的社会脉动和思想脉搏，及时抓住社会生活中的大是大非做文章，是地道的"时评"，并且立言得体。其次是以人们的情绪为第一信号，就大众所思所想的新倾向开展评论。以前有一种说法，叫报纸评论"读者对象县团级"，如今需要改变一下。作为新闻的利器，新闻评论也应面向普通群众，以提高人们的思想认识为己任。最后是缘事而发。新闻评论要依傍具体的社会生活事件，就事论理，理从事出，事实是活生生的，道理也是活生生的，而不是空对空，说许多抽象的空话，喊一些空洞的口号，甚至动辄长篇大论，喋喋不休。

三、新闻传播舆论的调控

（一）新闻传播舆论调控的重要性

融媒时代新闻传播舆论调控的重要性，具体来说是通过以下几个方面表现出来的：

1. 发出舆论先声，推动社会变革

新闻传播是社会变革的先导，是推动社会前进的巨大精神力量。同时，新闻传播是适应社会变革的需要产生的，是社会变革在观念上的反映。它通过揭露旧制度、旧体制的弊端，指明社会发展的方向和道路，从而为新制度、新体制的诞生鸣锣开道。

具体来说，在新闻传播过程中，会形成强大的舆论洪流，为社会变革奠定重要的思想理论基础和充分的舆论准备，从而推动社会变革的顺利进行。

2. 整合舆论环境，促进社会发展

稳定是社会存在和发展的基本前提，社会的稳定有利于社会的发展，但稳定本身不等于发展。稳定有不同的形态，有死气沉沉的稳定，也有充满生机与活力的稳定，我们所要的不是前者而是后者。新闻传播对舆论的调控既着眼于社会稳定又着眼于社会发展，具有对舆论环境的整合功能，易于在全社会促成一种既有集中又有民主，既有纪律又有自由，既有统一意志又有个人心情舒畅的局面，进而在对社会舆论实施调控的同时,最大限度地激发广大人民群众投身于国家建设事业和民族振兴事业的积极性、创造性。由此,必将促进国家的不断发展与进步。

3. 消解舆论震荡,维护社会稳定

社会秩序是社会整体各个组成部分在结构上相对稳定有序,在运行中相互协调、平衡的状态。有了一定的社会秩序,社会成员和群体间的交往就具有可期待性,社会的运行也就相对平静,从而确保社会稳定。但由于种种原因,人们并不总是能自觉地遵守既定的行为规范,而是不断发生越轨行为,给社会秩序带来混乱。

这就需新闻传播对某种社会舆论而不知所措的个人和组织形成有效的引导,促使其正确地面对舆论,有效维护社会的稳定。

(二)新闻传播舆论调控的前提

融媒时代新闻传播对舆论的调控主要基于两个前提,即社会舆论具有可控性以及新闻传播具有能控性。

1. 社会舆论的可控性

社会舆论的可控性,是指围绕某一事件或问题所形成的社会舆论,往往会随着事件或问题的变化而变化。人们就可以根据社会舆论的这种可变性,通过新闻传播改善舆论环境,引导舆论主体树立正确的价值观,掌握正确的方法论,正确地看待和评说舆论客体,并形成舆论压力,促使事件或问题朝着正向发展,进而使已有的社会舆论可控。

2. 新闻传播的能控性

新闻传播的能控性,是指新闻传播具有放大、扩散或削弱、淡化社会舆论的强大威力。公众在新闻传播的作用下,对某一社会事态的注意力往往更容易集中或更容易趋于消解,进而使分散的舆论向热点问题靠拢,以形成颇有声势的舆论强态,或使较为集中的舆论焦点逐步平息,以恢复稳定的舆论常态。

(三)新闻传播舆论调控的原则

具体来说,融媒时代新闻传播舆论调控的原则主要有以下几个:

1. 科学性原则

新闻传播舆论调控的科学性原则是指新闻传播对舆论的调控必须以科学的方

法论为指导，运用先进的科学技术手段，正确有效地发挥其效应。而新闻传播舆论调控要切实遵循科学性原则，必须要特别注意以下两个方面：

（1）对新闻传播的舆论调控与行政、法律等调控形式之间的关系进行正确认知

新闻传播对舆论的调控作为一种"软调控"，必须与行政、法律等"硬调控"相结合。但是，在社会调控体系中，新闻传播的舆论调控又具有相对独立性。它不是一种可有可无的"附属和陪衬"，在一定条件下，它可以发挥巨大的力量。而且，行政、法律调控的实施在一定程度上也必须借助于新闻舆论调控手段。

通过上面的论述可以知道，新闻传播的舆论调控与行政、法律等调控形式之间是相互配合、相辅相成的关系。

（2）对新闻传播舆论调控经验进行继承与发扬

我党在长期革命斗争和建设实践中，积累了丰富的新闻传播舆论调控经验。

我党的舆论调控理论和经验，是在一定历史条件下形成的，历史条件发展变化了，理论和实践也要发展变化。只有在继承和发扬我党新闻传播的舆论调控理论经验的同时，结合新的实践，不断地发展创新，并消化吸收国外理论和经验中的科学成分，才能保持新闻传播在舆论调控中的活力和优势，做到卓有成效。

2. 方向性原则

新闻传播对舆论实施调控，目的在于为社会的长期稳定和可持续发展服务。这种性质、目的和任务，决定着舆论调控必须服从和服务于国家政治的性质、目的和任务。在当前中国，坚持方向性原则，就是要在舆论调控过程中坚持正确的政治方向，维护国家的整体利益。

3. 主动性原则

新闻传播对舆论的调控，其组织和实施是一个系统的动态发展过程，体现出上下协同一体，结构整体优化，层次简明有效，适时自我调整的要求，以最大限度地发挥舆论调控的效应。因此，新闻传播舆论调控必须遵循主动性原则。

人们在认识事物时，普遍存在着"先入为主""首因效应""重复效果"的心理现象。长期以来，我国的新闻媒体就是根据这些原理，积极利用各种形式和手段，从各个领域、各个层面对社会舆论进行调控，并且取得了一定成效。历史经验告诉我们，只有充分认识新闻传播对舆论的调控功能，自觉把新闻传播的舆论

调控作为维护国家安全和社会稳定的重要途径，并且有组织、有计划、有步骤地在政治、经济、军事、文化、科技、意识形态领域主动实施，才能真正把主动权掌握在自己手里。反之，如果我们对现实缺乏感知，犯"短视症""痴呆症""失语症"，或者对社会缺乏责任感，对有关涉及社会稳定和发展的不良倾向和问题不予正视，消极回避，最终只能丧失新闻传播对舆论调控的主动权。

（四）新闻传播舆论调控的过程

科学认识新闻传播对舆论的调控过程，有助于在实践中把握规律，增强主动性和有效性。具体来说，融媒时代新闻传播舆论调控主要包括以下几个环节：

1. 选择、采集最新的社会舆论

新闻传播在对舆论进行调控时，首要一步是选择、采集最新事件、社会现象和社会问题所催生的社会舆论。

需要指出的是，并不是所有的最新事件、现象或问题都能够催生社会舆论并使其持续发展，也并非所有的社会舆论都能被新闻传播主体所选择和采集。新闻传播主体所选择、采集的最新事件、现象或问题以及由此引发的社会舆论必须具备一定的条件，即这种事件、现象或问题的刺激能量以及由此引发的社会舆论的强度必须足够大。一般来说，刺激能量以及由此引发的社会舆论的强度足够大的事件、现象或问题，主要包括两个方面：一是对大部分公众的利益关系都有所涉及，二是具有足够的新异性。

2. 新闻传播对社会舆论进行整合与扩张

在选择好特定的事件、现象或问题之后，新闻传播主体就需要对其中所蕴含的社会舆论进行有效整合。一般而言，新闻传播对社会舆论的整合主要由以下两个阶段构成：

（1）认同沟通

认同沟通，就是新闻传播在确立了社会舆论整合议程（也就是能够对社会舆论产生吸附作用，使之凝聚为某一具体舆论主体的事件、现象或问题）之后，必然要通过对这一议程的报道（包含叙述、解释和评价），将媒体的主导意见暗示给公众，并在此过程中劝服社会舆论向它靠拢，最终形成决定社会舆论方向的新闻舆论。

（2）调整反馈

调整反馈，就是在认同沟通环节中，公众个体未必都认同媒体的主导意见，可能会产生意见分化力量，背离主导意见。这时，社会舆论自身会作出调整，并将信息反馈给新闻媒体，从而提示新闻媒体进一步加强社会舆论的整合，强化主导意见的作用。社会舆论被整合之后形成的新闻舆论，又将通过新闻媒体的扩张功能，对社会舆论产生重要影响，并由此塑造公众头脑中的"自然"。公众头脑中的这种"自然"的形成，将引导社会舆论走向新闻传播对舆论实施调控的归点。

3. 社会舆论的趋同与稳定

新闻舆论形成之后，分散的社会舆论将在它的暗示和劝服之下逐步趋同。随着新闻舆论与尚未趋同的社会舆论之间达到一定的比例，社会舆论便逐渐趋于稳定，出现所谓的舆论稳定。

需要特别指出的一点是，尽管新闻媒体对社会舆论的整合与扩张的结果不可能使社会舆论完全达到"一律"，而总是或多或少地存在着"不同声音"（事实上的"舆论一律"是不存在的），但这并不会影响舆论稳态的形成。舆论稳态的形成对社会的稳定与发展的意义则是不言而喻的，这也正是新闻传播对舆论实施调控的最终归宿点。

第四章　融媒时代的新闻传播媒介

本章为融媒时代的新闻传播媒介，从三个方面展开分析，这三个方面分别是新闻传播媒介、融媒时代新闻传播媒介的功能、融媒时代新闻传播媒介的特点，从不同角度介绍了新闻传播媒介。

第一节　新闻传播媒介

随着互联网等数字新媒介的迅速发展，传统媒介一统天下的局面早已不复存在。各种新兴媒介层出不穷，它们在对传统媒介造成极大威胁的同时，又凭借数字技术和多媒体技术的广泛应用使新闻传播媒介之间的界限慢慢模糊，从而呈现出融合的趋势。

一、纸质媒介

纸质媒介也称为印刷媒介，是所有以印刷为复制手段的媒介。

（一）纸质媒介的诞生及发展

随着传播媒介的不断发展变化和文字时代的来临，出现了书写媒介与造纸术。这大大改变了信息的传播广度与深度，印刷术的改革与发展，使纸质媒介成为大众传播的基础。

1.造纸术的发明

简单地说，文字的演变，经历了从象形再现到语音系统的过程，是从图画式的绘图表达复杂的概念，发展到用简单的字母示意具体的声音。这些简单的字母，在后来的生产生活过程中，经过标准化，成为最早期的文字。

文字出现之后，作为某种共同的编码，成为人类传播活动发展的重大突破之一，但随即人们发现，这些刻于石头、木片、竹片之上的文字难以搬运，其传播功能更是难以实现，传播文字的媒介成为当时最紧迫的需求。约在公元前2500年，埃及人发明了用莎草制作纸张的办法，同莎草纸齐名的还有中国的"丝絮纸"和墨西哥的"阿玛特纸"。丝絮纸是由育蚕埋丝取丝绵时留于竹席上的残留丝絮晒干而成，人们改进工艺后将其制成絮纸，史称"薄小纸"，始于商代。阿玛特纸是由一种叫阿玛特的阔叶树的树皮纤维制成，由玛雅人率先发明。

2.印刷术的革命

廉价纸张的问世，是纸质媒介诞生的前提，而印刷术的革命，则为纸质媒介提供了必要的技术条件。讯息可以被大量印刷并快速传播，信息传播的广度和速度都得以实现。

早在唐朝初年，中国古代劳动人民就发明了雕版印刷术。这是印刷术的起步，至宋仁宗庆历年间，印刷工人毕昇发明了活字印刷，但这种技术未能得到广泛推广，直至元朝的大德年间，农学家王祯发明了木活字和转轮排字架，活字印刷术才得到广泛使用。

印刷术发明之后，印刷新闻的出现改变了信息传播的深度和广度，从 17 世纪开始，印刷术广泛使用于新闻传播活动中，至 19 世纪 30 年代，快速印刷技术开始与报纸的概念相结合，成为一种真正的大众传播媒介——报纸。

（二）纸质媒介的常见类型

1. 书籍

书籍（这里的书籍也包括使用各种材料的、刊载文字图画等各种符号的装订册）最早出现于中国，因为中国发明了印刷术。公元 868 年，中国已开始印刷佛教教义《金刚经》，这是世界上有记载的第一本书。欧洲印刷术起初也是用于印制书籍、传播思想和知识，推动了文化和教育的发展，促进了文艺复兴和思想启蒙运动。

书籍与其他印刷媒介相比，不仅容量大，而且内容也较为专业，因此，书籍既适合系统化知识的传播，又方便研究更深层次的理论，同时书籍还易于保存和进行资料的查阅。但书籍也有缺点，因为书籍出版周期较长，成本高，所以书籍不适合出版时效性较强的内容。

2. 报纸

报纸是面向公众的一种定期和连续发行的出版物，包含新闻和对时事的评论，是人类新闻事业的开端。报纸作为最早的大众新闻传媒，是资本主义经济发展到一定历史阶段的产物。早期报纸多为周报，如，德国在 1609 年创办《通告、报道与新闻报》和在 1615 年创办《法兰克福新闻》，这两种新闻报都是周报。中国创办的第一份近代报刊是《察世俗每月统计传》，于 1815 年在马六甲海峡出版。第一份在中国境内创办的中文报纸是 1858 年初由孖剌报馆创办的《香港船头货价纸》。

20 世纪初，一场新的技术革命催生了广播电台和电视台，彻底改变了整个新闻媒体的格局，导致报纸、广播和电视相互分离，从此人类新闻事业进入了现代新闻事业的舞台。在这一时期,报纸面临着与其他新闻传播媒介竞争的挑战,也面临着自己的发展变化,主要体现在商业报纸的激增、社会化程度的提高,以及日益严重的垄断,然而这些也已成为现代报业的一个重要特征。

(1) 报纸的分类

不同的分类方法能将报纸分为不同的类型,主要介绍以下几种分类:

①根据办报方针进行分类

根据这种方式进行分类,可将报纸分为三类:

第一,党报。党报是党和政府用来进行工作指导的重要舆论工具,旨在教育群众,引导舆论,维护政府的权威和良好的公众形象。党报还是党和政府系统的有机组成部分,如《解放日报》《人民日报》《大众日报》《新华日报》等。

第二,都市类报纸。都市类报纸就是报道都市中最近发生的事实,比如《新京报》《扬子晚报》《新民晚报》等。

第三,专业性报纸。专业性报纸是指那些报道某一专业领域或行业内部最新事件的报纸,专业性报纸有较强的受众针对性。如《工人日报》《农民日报》《中国电力报》《人民铁道》等。

②根据报纸传播信息领域进行分类

根据报纸传播信息领域,可以将报纸分为很多种,常见的有以下几种:

第一,经济类报纸。经济类报纸是指报道国内外经济发展动态,经济领域新情况、新现象和新问题的报纸,如《经济日报》《21世纪经济报道》《第一财经日报》。

第二,时政类报纸。时政类报纸是指报道国内外时事政治和世界各国政治局势发展动态的报纸,如《人民日报》《环球时报》等。

第三,娱乐类报纸。娱乐类报纸是指报道国内外娱乐活动、明星动态等信息的报纸,如《中国电影报》《舞台与银幕》等。

第四,体育类报纸。体育类报纸是指报道国内外体坛盛会、体育界发展动态的报纸,如《体坛周报》《足球报》等。

第五,法制类报纸。法制类报纸是指报道法制发展变化情况和问题的报纸,如《法治日报》等。

第六,生活服务类报纸。生活服务类报纸是指以人民群众日常生活中衣、食、住、行等需求为报道对象，以提高人们的物质和精神文化生活水平的报纸，如《美食导报》《精品购物指南》《房地产时报》等。

以上是报纸的几种分类方法，此外还有其他分类方法，如按照报纸刊登的期数分，还可以分为日报、周报等，因篇幅有限就不一一赘述。

（2）报纸的功能

报纸具有显著的功能，概括来说主要包括以下几种：

①传播知识，提供教育

报纸最大的好处，就是它每日都能干预运动，能够成为运动的喉舌，能够反映丰富多彩的每日事件，能够使人民和人民的报刊发生不断的、生动活泼的联系。报纸上的新闻信息涵盖了世界各地不同部门和行业的最新消息和成果，以及人们日常工作和生活的各个方面的变化。读者在阅读报纸时，会收获一些在学校学不到的知识，而且报纸与教材相比，报纸内容的信息量更加丰富。需要注意一点，由于报纸面向群体较为广泛，群体的受教育水平会出现参差不齐的现象，因此，在利用报纸进行信息的传播时，要用通俗易懂的语言表达方式，目的就是让每个受众者都能清晰而准确的理解新闻信息的内容。

②传播信息，沟通情况

报纸传播的主要目的是传播信息，传达情况，以最快的速度让读者了解最新发生的事实，并使读者了解客观世界的变化和发展。报纸在报道社会上出现的新事件时，不仅要反映事件的表层意思，还要通过解释性报道和调查性报告的形式，通过现象揭示事实的本质。报纸不仅可以发布新闻以提供信息和交流，还可以利用评论来传达新的信息，如党和政府的新政策或精神等。同时，读者也能在报纸开设的评论专栏中发表自己的意见，这种方式可以更好地交流和沟通各种观点。

③进行宣传，引导舆论

报纸的宣传作用是十分巨大的，它通过向读者提供信息，使他们了解现阶段党和政府的路线、政策和基本决策，引导他们走向正确的方向；读者也将了解到国家的政治和经济发展的现状、目标以及社会理想，团结各族人民为实现共同目标而奋斗；让读者熟悉国家的法律制度、民族和宗教政策，使读者树立社会主义荣辱观，维护社会安全，确保国家的稳定和团结；还可以让读者树立正确的三观，即世界观、人生观、价值观，使读者在日常生活中注意自己的言行举止，做到自律和他律，从而实现物质文明与精神文明相结合。

④刊登广告，获得利润

报纸主要是通过广告获取经济来源，在报纸上刊登广告，可以实现三者共赢的局面，即报纸、广告商与消费者三者。报纸可以刊登广告来获得经济效益；广告商可以通过刊登广告，提升产品的知晓率，从而提高顾客的购买率；消费者可以通过广告信息形成消费行为，从而满足自身的需求。需要注意的是，报纸在刊登广告时要注意社会效益和经济效益的统一，要对广告严格把关，防止不良广告进入流通渠道，影响消费市场。

⑤提供娱乐，陶冶情操

随着物质文化水平的提高，人们对报纸的服务性和娱乐性有了新的需求。报纸的专刊和副刊就承担着服务和娱乐的主要任务。报纸通过刊登漫画、连环画、生活休闲类和娱乐报道等信息，为读者提供放松和娱乐的感受。如今，出现了越来越多形式丰富的报道，如报道居室装修、休闲娱乐、购物旅游、服饰化妆、卫生保健、烹饪美食等内容，同时还有大量关于生活消费方面的热点等，这些具有服务性的报道内容，不仅能大大提高人们的生活质量，还能丰富人们的精神生活。

（3）报纸的优势

作为现代社会传递信息的主要手段，报纸具有独特的优势。主要体现在以下几个方面：

①易保存，有利于流传后世

在手抄文字时期，人们为了信息的传播，采用了多种传播载体。在我国古代，出现的文字载体就有多种，如甲骨、青铜器、石刻、简册、绢帛等。但这些载体的缺点较为突出，不仅价格昂贵、占地大，而且由于材料的特殊性，使其无法长久保存，因而传播范围也就会受到限制。然而如今的报纸，却能弥补上述载体的缺点，报纸不仅轻薄便于携带，而且价格也极为便宜，不仅易于保存，而且文字也不会轻易褪色。

②刊载的新闻具有深广性

报纸的报道内容既可简明扼要、点到为止，又可以详尽分析，展开述评，体裁也包罗万象。

③阅读选择比较自由

报纸是非线性的传播模式，一份报纸在手，受众对于某个板块、某篇报道，可以选择看或不看、先看或是后看、详看或是略看，受众不需要根据编辑的思路，顺着他人安排的路径去接收信息，也不必去看大量不感兴趣的版面，没有时间的限制，甚至可以将报纸寄存，等闲下来之后再安排时间阅读。相较于稍纵即逝、无法避开广告的广播电视来说，读者在阅读报纸时的感受要好得多。

④携带方便

报纸不受时间和空间的限制，可以由读者自行决定读报时间与地点。如可以利用碎片化时间进行阅读，可以在地铁上、公交上，还可以在办公室、公园和家里。因此，读者也会有很强的自主性。

⑤阅读率比较高

报纸具有稳定的物质形态，以纸张作为载体，文字记录信息，读者看得见、摸得着。相较于口耳传播，信息能够以确定的形式被记录下来，可以被反复阅读，甚至作为资料收藏，多年之后依旧具有阅读价值，麦克卢汉曾说，报纸就像口香糖一样，具有反复品味的魅力。此外，报纸价格低廉，又多以散页形式呈现，便于分享，传阅率较高。

（4）报纸的局限性

伴随着科学技术的进步和人类新闻传播事业的快速发展，继报纸之后，又出现了广播、电视台和互联网等传播媒体，报纸与这些大众传媒相比，有一定的局限性。

①对读者的文化程度要求高

由于报纸是以文字的形式传递信息的，这就要求读者要有一定的文化素质才能接受信息。没有受过教育的人，将无法阅读报纸，受教育水平较低的人，在阅读时也可能会出现错读或误读信息，进而导致新闻传播没有按照预期的方向前进。因此，报纸的受众也就会受到限制，只能是接受过教育的，并对报纸所传递的信息有正确理解能力的群体。

②与电视的声像一体相比，略显枯燥

报纸在传播新闻信息时，是以文字和图像为基础，这种呈现较为固定单一，与电视的声音和图像相比，显得过于静态和乏味，在这种情况下，如果二者传播的信息量是相同的，那大部分受众更愿意选择具有图文并茂的电视传媒。

③时效性偏弱，传播不够广泛

印刷报纸与手抄时期相比，印刷报纸不受时空的限制，能够在较短的时间内向千家万户传递大量的信息。而广播电台、电视台和互联网更具时效性，能在短时间内将世界各地的重大事件通过现场直播或实况播映的方式传递给受众群体。由此看来，报纸由于其工作程序的影响，不可能会实现现场直播，因此，报纸在时效性和传播范围上的优势并不突出。

④容量受限制

虽然报纸的容量大，但会受版面空间的限制，与之相比，网络则有无限的内容空间。

⑤和网络相比，互动性不够强

报纸和读者之间可以通过读者来信、读者座谈等形式实现两者之间的联系，一般来说，报纸编辑部会收到这些形式的反馈，这有助于他们更好地塑造报纸版面和文章内容，但这很费时，而且效果也不太理想。尤其是和具有较强的双向互动性网络媒介相比，报纸的双方互动性并不强。

3. 期刊

期刊又被称为杂志，有一定的刊名，可以连续出版。出版周期一般在一星期或以上，一般一年以内。

与报纸相比，期刊的出版周期更长，因此，在时效性上也就没有报纸强，但相对而言，期刊有更多的时间可以收集、写作和分析同样的事件材料，并以更全面、更深刻的方式来叙述这些事件。然而随着"厚报时代"的到来，厚报吸收了期刊的这些优势。但期刊仍然可以利用其他特点开辟新的领域，并保持这些优势，如受众面窄、针对性强、内容选择精、印刷质量高、保存和查阅方便等特点。

在国外，杂志细分的特点非常突出。例如，女性杂志年龄段可以细分到3~5岁，有专为17岁少女编的刊物就叫《17岁》，还有专门为职业单身母亲编的Working Single Mother，杂交也是期刊的细分方法之一。比如健康与美容、美食结合，文学与时尚结合。

(三)融媒时代的纸质媒介

传统报纸的缺点是，由于稿件截止日期、版面设计和印刷等原因，导致新闻的时效性较差。而且新闻信息只能通过文字、图片等静态形式展现信息，因此现场感和互动性较差。互动性表现出间接、延时的特点，而互联网能弥补传统报纸的缺点。这就要求报纸媒体要有开放的心态，积极与互联网接轨，利用网络的力量来提高传播能力。

1. 报网互动

"报网互动"是近几年媒介领域颇为流行的一个词。报网互动是指报纸与网络发挥各自的优势，展开多层面的合作与互动。报纸建立自己的网站，依托网络平台，优化新闻报道流程，这是报网互动的前提。报网互动主要有四个层次：第一个层次是纯技术层面的互动，即报纸利用网络平台发布信息产品，这也是最为初级的报网互动。第二个层次是内容层面的互动，即新闻生产环节的互动，这是报网互动当中最核心的内容。第三个层次是发行、广告层面的互动。第四个层次是品牌层面的互动，包括大型媒体活动中的报网互动，以及媒体品牌传播、体制创新中的报网互动，其建立在前面三个层次的基础之上。

2. 全媒体再造

随着网络技术和新媒体的不断发展，媒介也在朝着融合的趋势发展。大多数的传统媒介在转型过程中提出了"全媒体"概念。全媒体是一个综合性的媒介平台，它打破了媒体的界限，建立在整合和融合基础上，允许不同的表达形式进行新闻传播。从语义上讲，全媒体不仅仅指人们可以直接感知的传播内容的多媒体表现，而且还包括全媒体观念、全媒体采编和全媒体经营等内容。

对于报纸媒体来说，全媒体战略意味着要打破传播媒介和传播形式的桎梏，利用互联网、移动终端等新媒体技术改变传统的单一纸质媒介传播方式，将新闻传播延伸到其他载体，建立一个互联互通的多媒体内容传播平台。

在全媒体理念之下，报纸记者不再只是文字记者或摄影记者，而是全媒体记者，即能熟练使用多种采访工具、采用多种报道方式来完成报道。

全媒体的新闻制作方式，必然要求媒介组织建立新的新闻采编流程，采集新闻素材，根据不同受众的接受特点进行加工，制成不同的新闻产品，最后通过不同的传播渠道（媒体）传播给受众。

二、电子媒介

电子媒介是利用电子技术，以电磁、电光、电子、微电子等为介质，大都通过无线电波或导线进行传播的媒介。

（一）电子媒介的常见类型

1. 广播

广播是通过无线电波或导线向广大地区传送声音的新闻传播媒介。无线的广播有调幅和调频。调幅有短波、中波和长波。新时期，伴随着数字化的发展，数字化广播也逐渐出现，并以其抗干扰、高保真、便于储存、可通过网络传输、可附带文字和图像等优势，代表着广播新的发展趋势。

（1）广播的发展

1920年11月2日，由美国匹兹堡西屋电气公司开办的KD-KA开播，这是世界上第一座有正式营业执照的广播电台，以播放新闻节目为主，对美国总统候选人哈定和柯克斯的竞选播报，使其名声大振。之后，法国和苏联也分别于1921年和1922年建立了自己的广播电台。随着电台数量的日益增多，为了协调国际的电波使用秩序，1925年，国际广播联盟在日内瓦成立。1927年10月，国际广播联盟在华盛顿召开世界广播大会，决定把全世界的广播地域分成15个波长带，制定了频率分配表，使各国电台广播不至于相互干扰。广播出现后迅速在世界各国普遍发展起来，不仅广播电台的数量快速增加，节目类型也日渐增多，内容不断丰富。

（2）广播的优势

作为一种新闻媒介，广播具有以下几个方面的优势：

①传播快捷，时效性强

第一，在广播的早期，其主要功能还是娱乐和广告。直到第二次世界大战前，广播新闻才变得空前重要，因为人们希望了解战争的情况，而广播的速度满足了他们的需要。

第二，电波以每秒30万公里的速度传播，距离相当于绕地球七圈半，而广播又是以电波为载体，因此从开始传播和听众接收之间的时间差几乎为零。

第三，广播新闻的制作环节简单快速，没有报纸多项工序的制作，这大大加快了新闻的传播速度，同时也扩大了新闻节目的容量，加速了新闻的时效。

第四，广播新闻的优势在于速度快，因为它的传播是滚动式的。例如，1981年3月30日下午2点25分，美国总统里根遇刺，美国广播公司2分钟后就开始进行报道，哥伦比亚广播公司4分钟后开始现场报道。随后，各家广播公司开始不断滚动播出各种相关信息和最新动态。几小时后，报纸才有相关报道。

最快的新闻传播形式是对正在进行的新闻事件进行现场报道，称为同步广播。同步广播的特征就是新闻报道与播出是和新闻事件的发展变化同时进行的。通过电台的传播，即使远在千里也能听到即时的新闻内容，如一件引人注目的新闻事件，一个重要的大会，一次盛大的活动，一场精彩的球赛……

总的来说，现在的电子媒体比印刷媒体更先进、更有时效性，而在电子媒体中，广播比电视更快，这是广播的主要优势。因此，假设事实准确，观点正确，广播应该努力做到第一时间把新闻传播出去，关键是要快，以快制胜。

②声情并茂，感染力强

报纸主要是通过文字符号、图片进行信息传播的。尽管文字符号也影响视觉器官，但这并不是直接的形象，文字符号主要通过阅读转化为有声的语音，只有通过联想才能得到事物的图像，从而对它们产生深刻的理解。

广播是唯一一个通过听觉进行传播的媒介，而不是通过视觉进行传播的大众媒介，传播信息的唯一手段是通过声音符号，包括各种听觉和音频语言。声音符号影响着人的听觉器官，人们可以通过音响和有声语言较直接地理解传播的内容。直接通过声音理解传播内容，传播信息也比较直接，可以省去将文字转换成语言这一过程。有句老话说："闻其声如见其人。"这表明，声音的表现力更直接、更传神，声音本身具有丰富的形象性，可以表达人类的情感和情绪。如喜、怒、哀、乐、惊、恐、悲、粗暴、亲切、踏实、爽朗、忧郁、热烈、沉闷等，由于声音具有传真性，所以会出现听其声如见其人，听其声如临其境的感觉。

仅仅是对声音的不同处理和使用，就可以传达许多印刷品无法传达的信息。如播音员饱含情感地传播信息，这种感染力是文字远远比不了的，声情并茂的播讲主要体现在嗓音、语音、语调、语速、停顿、轻重等的变化处理。著名记者穆青写的通讯《县委书记的好榜样——焦裕禄》使人深受鼓舞，而经过著名播音员齐越的"再创造"，把文字符号还原为语言，通过听觉转换给听众的形象，就会更加感人。

③手段多样，参与性强

广播主要传播声音符号，而声音符号广播的制作比图像或文字符号更容易操作。广播可以通过电话、手机、互联网等新的技术平台完成声音符号的制作，形成各种传播形式，如开通热线电话，推出实时播报，为了让听众直接参与广播活动创造机会，让广播在一定程度上体现出面对面交流的亲切感，让传播者和接受者能在互动中实现同步交流与分享。

④覆盖广泛，渗透力强

覆盖广泛，渗透力强是广播传播的天生优势。广播是依据电波载体传播信息的，现在又和人造卫星结合，而广播的电波几乎覆盖全球，大部分人都能成为广播的传播对象。具体来说，广播传播的广泛性主要体现在以下几个方面：

第一，人们更容易接受广播传播。因为广播是用有声语言进行信息的传递，所以受众群体不受文化教育水平的限制。广播是为每个人服务的，从学龄前儿童到老年人，从文盲到教师，只要他们有听觉，都可以成为目标听众。

第二，广播不受国界的限制，可以超越国界。这是由于广播是以电波为载体的。在许多国家的对外宣传中，广播是传播信息的主要手段，因为广播可以利用无线电波、卫星和多种语言同时传播新闻信息和思想观念，使其成为国际外交宣传的有效工具，甚至可以用来震慑敌人。同时，国际广播已成为友谊的使者，旨在加强各国人民之间的沟通和交流，促进相互了解。广播的这种特殊的广度是其他媒体很难实现的。

第三，广播信息容量大。广播新闻1分钟大约播出240字，一条消息一般在1分钟左右，短小精悍，概括性强，信息集中，要点突出，言简意赅，内容丰富，播出时间长、多波段、多频道，可供听众自由选择、各取所需。

第四，广播具有伴随性特点。广播在传播的过程中只需调动人们的听觉器官，所以人们在听广播的同时还可以从事其他活动，比较典型的是城市交通广播和音乐广播，收听对象主要是驾车的司机。广播可以让旅途不再单调，即使堵车也不会难以忍受。此外，一些老年人也习惯在晨练的时候收听广播，接收信息。这种伴随性的特征是广播特有的，既能提高人们的时间利用率，又能在不知不觉中让信息被听众接受，实现其传播效果。同时，因为广播制作技术的特点，可以实现较强的互动性，听众可以直接打电话与播音员进行交流，就某个问题发表自己的观点，这也是对于电子媒介的强势传者地位的一个突破。

（3）广播的劣势

与此同时，广播传播也具有一定的劣势，包括以下几个方面：

第一，有时序。节目按编排的时间顺序依次播放，只能被动地按顺序收听，不能自由选择、跳过不想听的内容。人各有异，"众口难调"，播放顺序难以符合所有人的口味。

第二，易逝。电波转瞬即逝，受众难以仔细识记、推敲和思考，难以复听和保存。

第三，不便于表达深刻、复杂的内容。电波、语音的易逝，以及语音的模糊、一音多字，使其在传播数字性和抽象、深刻、理论性内容方面远不如文字。

第四，接受时比较消极。语音不如文字更能调动受众的思维和想象。

（4）广播新闻的发展趋势

广播最早出现于20世纪上半叶，是现代高新技术的产物，曾引起世界的轰动，广播在经历二战后，其受众群体迅速增加，逐渐取代报纸在人们心中的地位。自21世纪初以来，随着全球化的深化、媒体竞争的加剧和听众需求的增加，广播作为人类社会最早出现的电子媒介也受到了影响。主要表现在两个方面：一方面是受到电视和互联网传媒的冲击，广播的影响力在逐渐减弱；另一方面，世界政治、经济和文化事业的不断发展，特别是科学技术的迅速进步，为广播的可持续发展提供了机会和物质基础。因此，广播也受到了人们的关注。

①受众个性化

未来受众的需求正变得越来越多样化和个性化，他们希望在获取自己喜爱类型的信息时，能更容易和更快捷。未来，广播听众将不再按年龄段进行划分，而是按一般节目类型划分为更具体的类别，这样听众就能根据自己爱好有选择地选取信息，电台频率也将被划分为专门的频率，例如交通新闻、经济新闻、天气预报、娱乐新闻等。

未来广播也将能够为听众提供更加个性化的服务，这是基于节目类型的细化进行的。听众在选择节目时，可以按照自己喜好选择特制的节目内容，根据自己的实际需求选取最新的实时资讯,从而实现一对一的信息传播,要注意这是受众主动选择的过程。数字化音频技术的发展和通信技术的逐步完善,使这种定制服务成为可能。

②内容本土化

随着全球化范围的逐步扩大,信息共享也更加便捷,人们相较于之前更容易接受外部信息。作为一种易于收听、传递信息快速、对听众识字要求不高的媒介,广播与其他媒介相比,在及时传播本地新闻信息方面具有无可比拟的优势。在未来社会信息化程度不断加深的情况下,广播将会充分发挥媒介的优势。这是因为广播在为受众提供及时准确的本地新闻信息、法规政策、交通路况、货运贸易和气象服务等方面发挥了重要作用。

③途径多元化

数字音频技术使广播节目可以在线传送,受众可以选择他们想听的节目,这弥补了传统广播节目在时效性和单一性的不足,使新闻传播的方式更加灵活。此外,数字音频技术的深入发展使广播博客服务项目成为可能,任何人都可以通过数字通信平台向其他听众播放自己的电台节目。可以说,未来的广播媒体将是一个主要的信息库和信息交流的平台,能以各种方式向外界传播信息。

2. 电视

(1)电视的诞生

电视是一种利用无线电波或导线传输声音和图像的大众传播媒介。它的出现和发展是由于电子技术的进步而实现的。伴随着时代的进步与发展,电视也经历了一系列的变革,如内容和形式上的变革。无线传输技术使人们能突破时间和空间上的限制,即使远在千里也能观看到图像,三维动画技术使电视片更丰富、更生动,数字化的设备让电视的图像变得更清晰,可以说,电视发展的每一步都与技术研究和发展有着密不可分的关系。

第二次世界大战结束之后,电视技术获得了突飞猛进的发展。经过科学家的努力,人们相继突破了光学、色变学和信息传输理论等一系列难题,制造出彩色摄影管和彩色显像管。1951年,美国哥伦比亚广播公司、美国广播公司分别试播了彩色电视节目,美国因此成为世界上第一个播出彩色电视节目的国家。随后,世界各国都进行了自己的电视技术研究,并出现了包括NTSC、PAL、SECAM在内的三种制式，我国的电视采用的是 PAL 制。

（2）电视的优势

电视传播具有显著的优势，概括来说主要包括以下几个方面：

①传播迅速及时

电视以电波为载体来传输视频信号，传播速度很快。它与广播一样，可以进行现场直播，同步反映新闻事件。

②渗透性强，覆盖面广

由于电波的穿透能力极强，加之接收条件简便，因此只要电波可以达到的地方，都能收到电视节目。另外，观众也不受文化水平、年龄、性别和职业的限制，视听觉正常的人都可以成为电视的受众。

③视听兼备，亲切可信

电视以传送声音符号和图像符号为传播方式，这就使传播的信息更为具体可感。所以，电视特别适合报道现场感强、有视觉冲击力的新闻。

（3）电视传播的劣势

电视虽然具有上述独特的优势，但也存在一些明显的不足。

首先，电视以声音符号传播信息，但声音符号看不见、摸不着，转瞬即逝，因而保留性差。其次，电视是线性传播，所播节目的时间通常是固定的，受众只能按照时间顺序来看，无法对节目的内容和收视方式进行选择，因此选择性差。最后，想象性差。观众可以通过电视播放的信息，直接感受到客观事物，无须展开联想和想象。这就极大地削弱了受众参与形象再创造的积极性。

（二）融媒时代的电子媒介

广播电视的缺点主要是线性传播，播出内容瞬间即逝，很难回放和保存。借助互联网，广播电视完全可以克服自身的弊端，为受众提供多样化的选择。广播电视媒体利用互联网改造自身新闻业务，使传播形式多样化，提升新闻传播影响力，其路径与报纸媒体是类似的。广播电视媒介与其网站"台网互动"主要体现在以下四个方面：

1. 利用网络进行话题征集和讨论

中央人民广播电台的《神州夜航》栏目经常在中国广播网的论坛中向听众预

报近期将在节目中探讨的话题，邀请听众加入论坛对该话题发表看法，到节目正式播出的时候，听众的观点便会出现在节目当中。

2. 实现节目的在线收听（看）和按需点播

利用网络音视频技术，在网络平台上实现节目的在线收听（看），满足受众在不同场合的视听需求。网站可通过建立节目库的方式，将节目内容按时间、栏目、主题等分类上传至网站，方便受众检索，按需点播。

3. 建立主持人博客

主持人是广播电视媒体的一项重要资源。很多受众对节目的关注往往是因为某位主持人的独特魅力。在传统的广播电视媒体中，人们看到、听到的只是主持人台前的形象或声音，却无法获知主持背后的故事以及主持人更立体、真实的形象，而主持人在播出节目时面向的也是"心目中"的受众，并不能准确地把握受众的想法。博客无疑是拉近主持人与受众的重要渠道。主持人在博客中讲述自己的工作、生活，与受众分享思想观点，实现与受众的互动。受众也可以在博客中留言，提出他们的期望、建议和想法。

4. 强化文字的传播作用

在传统广播电视媒体中，人们主要通过声音、画面、解说来获取信息，文字的传播力是较弱的。利用互联网，广播电视媒体可以将节目文稿上传至页面，供有需要的受众参考。有的广电媒体网站还推出电子杂志，体现了全媒体的理念，如中国广播网的《行色》、湖南卫视的《HTV志》等。

三、新媒体

"新媒体"相对"传统媒体"而言，是一个内涵和外延都不断发展演变的概念。综合国内外学术和产业界的概念界定及产业分析，本书认为，新媒体是以数字技术、通信网技术、互联网技术和移动传播技术为基础，为用户提供资讯、内容和服务的新兴媒体。新媒体主要采用数字压缩技术（包括数字压缩）、网络传输技术和卫星通信技术，这些技术发展的速度和方向决定着新媒体发展的速度和方向。根据媒体表现形式的不同，新媒体可以分为互联网媒体、电视新媒体、手机媒体三类。

（一）互联网媒体

互联网，是一种把众多计算机网络联系在一起的国际性网络，它是计算机技术、信息技术与通信技术融合的产物。互联网是当代世界上规模最大的超远距离信息传送网络，被人们视为自报刊发明以来一项无与伦比的创举，是信息生产、传播及交换领域的一场革命。

1. 互联网的发展

互联网的英文是 Internet，在中国一般译为"互联网"或"因特网"。网络媒介，就是借助国际互联网这个信息传播平台，以电脑、电视机以及移动电话等为终端，以文字、声音、图像等形式来传播新闻信息的一种数字化、多媒体的传播媒介。

1969 年，美国国防部国防高级研究计划署资助建立了一个名为 ARPANET（即"阿帕网"）的网络。这个阿帕网就是互联网最早的雏形。

互联网的成熟是 TCP/IP 协议的开发和使用的结果。TCP/IP 是一种通信协议，TCP 及 IP 的中文翻译分别是传输控制协议和网际协议。这两个协议定义了一种在电脑网络间传送报文（文件或命令）的方法。1972 年，全世界电脑业和通信业的专家学者在美国华盛顿举行了第一届国际计算机通信会议，就在不同的计算机网络之间进行通信达成协议。同年 9 月，在英国伯明翰召开的会议上提出了 Internet 的基本概念。

1986 年美国国家科学基金会建立了自己的基于 TCP/IP 协议的计算机网络 NSFNET。NSFNET 对互联网的最大贡献是使互联网向全社会开放。1990 年，随着 ARPANET 停止运营，NSFNET 彻底取代了 ARPANET 而成为互联网的主干网。

1986 年，北京市计算机应用技术研究所实施的国际联网项目——中国学术网（Chinese Academic Network，CANET）启动，其合作伙伴是德国卡尔斯鲁厄大学。1987 年 9 月，CANET 在北京市计算机应用技术研究所正式建成中国第一个国际互联网电子邮件节点，并于 9 月 14 日发出了中国第一封电子邮件，揭开了中国人使用互联网的序幕。

2. 互联网媒体的常见形态

从目前的互联网媒体形态来看，主要表现形式有以下几种：

（1）博客

博客，又译为网络日志、部落格或部落阁等，是一种通常由个人管理、不定期发布新的文章的网站。

博客上的文章通常根据发布时间，以倒序的方式由新到旧排列。许多博客专注在特定的课题上提供评论或新闻，其他则被作为比较个人的日记。

一个典型的博客结合了文字、图像、其他博客或网站的链接、其他与主题相关的媒体。大部分的博客内容以文字为主，仍有一些博客专注艺术、摄影、视频、音乐、播客等各种主题。

从博客的传播模式及传播性质上来看，博客突破传统的网络传播，实现了个人性和公共性的结合。博客的即时性、自主性、开放性和互动性为人们提供了一定程度的话语自由，这种自由颠覆了传统媒体"把关人"的概念。

（2）社交网络（虚拟社区）

虚拟社区是活跃于网络空间的集体交友方式与渠道，主要代表有网络论坛。近年来，虚拟社区得到了全新的发展，其中最有名的要数社交网络。

社交网络即社交网络服务，源自英文 SNS（Social Network Service）的翻译，中文直译为"社会性网络服务"或"社会化网络服务"，意译为社交网络服务。社交网络包括硬件、软件、服务及应用。由于四字构成的词组更符合中国人的构词习惯，因此人们习惯上用"社交网络"来代指 SNS。

（3）微博

微博，即微博客（Micro Blog）的简称，是一个基于用户关系的信息分享、传播以及获取平台。用户可以通过 Web、WAP 以及各种客户端组件个人社区，以 140 字以内的文字更新信息，并实现即时共享。

微博不仅颠覆了传统信息的发布方式，以一种半广播半实时互动的模式创立了新的社交方式与信息发布方式，使每个参与者既是传播者也是受众，既是新闻发布者也是传播者。便携性、及时性使微博更容易在第一时间成为事件发布的平台。微博时代内容为王，短小精悍的文字更符合现代社会对于信息快速消费的需求。

最早也是最著名的微博是美国的 twitter，2009 年 8 月，中国最大的门户网站新浪网推出"新浪微博"内测版，成为门户网站中第一家提供微博服务的网站，微博正式进入中文上网主流人群视野。现在，微博已成为最受人们关注的新媒体。

（4）即时通信

即时通信（Instant Messenger，IM）是指能够即时发送和接收互联网信息的业务。国内最典型的是以腾讯QQ、微信为代表的一系列通信工具。

现在的即时通信不再是单纯的聊天工具，它已经发展成集交流、资讯、娱乐、搜索、电子商务、办公协作和企业客户服务等为一体的综合化信息平台。

随着移动互联网的发展，互联网即时通信也在向移动化扩张。目前，微软、Yahoo等重要即时通信提供商都提供通过手机接入互联网进行即时通信的业务，用户可以通过手机与其他已经安装了相应客户端软件的手机或电脑收发信息。

3. 互联网媒体新闻传播的特点

（1）高速度

在传统媒体中，报纸的出版周期常以天甚至周计算，电视、广播的周期以天或小时计算，而网络新闻的更新周期却是以分钟甚至秒来计算的。尤其在对突发事件的报道中，网络新闻的时效性更为突出。在传统媒体中，广播通过无线电波，电视通过通信卫星，也常常能够做到快速报道新闻事件，缩短报道事件时间与事件发生时间的差距，甚至进行同步直播，但是其传播过程中往往要面对非传播主体所能控制的技术性障碍，譬如信号中断、电波干扰等。而网络新闻的传播在互联网络的构架内，对各种外在影响和障碍的超越与克服能力大大加强。

（2）选择性

与传统媒体比起来，网络新闻对接收者来说具有更强的选择性。

第一，网络新闻的编辑与传统媒体的新闻编辑的不同在于，不是将新闻信息"推"给受众，而是由受众"拉"出想要的新闻信息。新闻传播的接收者可以根据自己的喜好，通过网络搜寻自己喜欢的新闻信息源、新闻信息内容、新闻信息表现形式。新闻网站总是将海量信息分门别类地加以整合，并且提供定制"个性化新闻"的服务，网站可根据用户的需求向其发送经过选择的个性化新闻。

第二，网络上的新闻传播还具有过刊查询和资料检索功能，突破了查询新闻内容在时间上的限制，受众在网上可以随时按日期查看一家网络媒体的旧闻，也可以很方便地输入关键词进行资料检索。

第三，网络上的新闻传播，既可以在短时间内实现新闻信息的广泛传播，又便于受众下载新闻信息，存储、加工、利用新闻信息，以进行深入的研究和探索。

（3）公平性

网络新闻是借助互联网传播的，互联网上信息传输的速度和成本与所在的物理位置几乎毫无关联——比如，用电脑访问美国《纽约日报》网站和美国某乡镇小报网站的速度几乎是没有区别的——这特别有助于实力弱小的新闻传播媒介摆脱在现实条件下资金、人事不足的困扰，实现与媒体大鳄们的公平竞争。在现实情况下，上述乡镇小报想在纽约做宣传广告招揽读者以便和《纽约日报》一较高下简直毫无胜算，就算强行实行，也难以为继。但是在互联网上，建立和纽约读者的亲密联系却只需要一个网站而已。如果放眼全球，网络新闻传播的公平性特点还特别有助于第三世界国家打破西方资本主义国家通过对传统媒介的垄断而实现的对信息资源的控制，从而为推动建立国际新闻传播新秩序提供保障。

（4）可搜索性

网络信息数字化的特点，使得人们对网络新闻进行快捷检索成为可能。目前功能强大的互联网搜索引擎可以在甚至不到1秒钟的时间里，按照网民给出的搜索关键词找到对应信息。一些大型的互联网站点、图书馆、数据库也都为用户准备了内部搜索引擎，最大程度地节约用户在搜索信息上花费的时间。而在电脑和互联网出现之前，无论寻找报纸、杂志还是广播、电视的资料，用户都不得不在庞大的馆藏室里用眼睛做着最原始的检索工作，这是一个漫长的过程。互联网数字化检索的方便快捷迫使平面媒体不得不向它靠拢，比如《人民日报》经过多年建设，推出了《人民日报》图文数据库，其中包含了《人民日报》自1946年创刊以来的所有图文信息。可以想象，用"《人民日报》图文数据库"来辅助一项"《人民日报》头版头条新闻研究"的工作，比起亲自去报刊室翻阅几吨重的报纸来，要方便多少。

（5）易复制和易保存性

由比特构成的网络信息的最大优势之一就是可以方便地复制。"世界上没有完全相同的两片树叶"之类的说法在数字世界里是可笑的，只要先有一片树叶，数字技术就可以在瞬间制造出其无数的孪生兄弟，而且它们一模一样。我们可以把网络新闻看作这样的树叶，这就不难想象为何网络新闻会流传得如此快捷和广泛了。易复制带来的另一个好处就是易保存——因为保存无非就是把信息从网络复制到自己的硬盘而已。在带宽不成问题的情况下，从网络复制一篇10万字的文章到硬盘连 1 秒钟都不需要，并且绝无差错。而在此之前的种种方式，从抄写、剪报到复印、扫描——不是难以确保精度，就是浪费大量时间，甚至两者兼备。

网络新闻的上述特点使其以无可比拟的优势成为新闻传播活动的新领域。在充分认识网络新闻优势的同时，对网络新闻传播的弱点和缺陷不能视而不见。如网络新闻的可信度和有效度问题。网络的开放性和自由度带来了信息民主的局面的同时，也为恶意传播虚假新闻信息打开方便之门，以致互联网上的新闻信息可信度大打折扣。与此相联系的是，大量"信息垃圾"的存在淹没了真正有用的信息，使人们在网上搜寻有用信息的效率降低。再如，在传播内容上，网络媒体之间、网络媒体与传统媒体之间的相互抄袭、复制现象严重，造成同质信息过多的局面，同时也造成对原创新闻信息的知识产权和劳动价值的漠视与侵害，又如，在信息管理上，由于管理的成本过高，技术难度过大，网络新闻的有序局面尚未建立。还有网络传播技术和基础设施方面诸如"带宽瓶颈"之类的问题等。这些弱点和缺陷制约着网络新闻传播更好地发挥其作用。

（二）电视新媒体

虽然电视是 20 世纪的产物，但是随着技术的进步，电视在新媒体时代也有着不同的使命和全新的发展。以下从三种形态讨论电视新媒体：

1. IPTV

电视新媒体中当下最受关注的是 IPTV（Internet Protocol Television），即交互网络电视，一般是指通过互联网络，特别是宽带互联网络传播视频节目的服务形式。

互动性是 IPTV 的重要特征之一。IPTV 用户不再是被动的信息接受者，可以根据需要有选择地收视节目内容。用户在家中就可以通过计算机、网络机顶盒＋普通电视机、移动终端（如 iPad，iPhone 等）三种方式使用 IPTV。

IPTV 能够很好地适应当今网络飞速发展的趋势，充分有效地利用网络资源。IPTV 既不同于传统的模拟式有线电视，也不同于经典的数字电视。因为，传统的和经典的数字电视都具有频分制、定时、单向广播等特点；尽管经典的数字电视相对于模拟电视有许多技术革新，但只是信号形式的改变，而没有触及媒体内容的传播方式。

IPTV 是集合了电视传输影视节目的传统优势和网络交互传播优势的新型电视媒体，它的发展给电视传播方式带来了革新。

2. 移动电视

狭义上，移动电视是指在公共汽车等可移动物体内通过电视终端移动地收看电视节目的一种技术或应用。广义上讲，是一切可以移动的方式收看电视节目的技术或应用。

作为一种新兴媒体，移动电视的发展速度是人们始料未及的，它具有覆盖广、反应迅速、移动性强等特点，除了传统媒体的宣传和欣赏功能外，还具备城市应急信息发布的功能。

（三）手机媒体

手机媒体是指以手机为视听终端、手机上网为平台的个性化信息传播载体，它是以分众为传播目标，以定向为传播效果，以互动为传播应用的大众传播媒介。被公认为继报刊、广播、电视、互联网之后的"第五媒体"。

1. 手机媒体的发展

随着信息化、网络化技术的不断发展，继报纸、广播、电视、互联网之后，一种新型的媒介形式——手机媒介出现了，这是一种以手机为视听终端、手机上网为平台的个性化信息传播载体，它以分众为传播目标，以定向为传播效果，也可称之为移动网络媒介。

手机又称"移动电话"，是通过无线信号接收和发射来实现通话的一种通信工具。手机的发明改变了人们对固定电话的依赖，极大地方便了人际交流。随着数字技术的发展，手机这个最初用于移动通话的通信工具，具有了一些特殊的功能。人们在手机上可以玩游戏、听音乐、看电影。同时，手机的信息载体功能日益增强，当手机开始提供收发短信、彩信、无线应用协议上网功能之后，特别是手机开始接收、储存和转发专业组织发送的新闻时，手机便具有了大众传播媒介的特征。

2. 手机新闻传播的特点

手机新闻传播具有显著的特点，概括来说，主要包括以下几个方面：

（1）便携灵活

手机与电脑相比，优点是便携小巧，与受众的关联度高，无论是在公共交通工具上，还是在排队等候的闲散时间，手机几乎成了人们利用率最高的现代化通信工具。有一句笑话说，"真正的朋友，就是一起吃饭的时候不看手机"，可见，手机在人们的生活中扮演着多么重要的角色。在这种情况下，以手机为媒介进行信息传播，到达率较高，传播效果好。

（2）时效性强

手机的传播非常迅速，受众接受新闻不再受到时间与空间的束缚。现在，不仅是手机短信，很多大众传播媒介还借助于手机软件来发布即时信息，比较常用的是微博和微信的订阅推送，这是在发行周期之外进行补充传播的手段之一。

（3）互动传播

通过手机进行的传播，往往包含了大众传播、群体传播与人际传播。在大众传播阶段，通过手机，传播者和受众之间可以实现良好的互动，如在媒体官方微博上留言；在群体传播阶段，网络或手机联系起来的群体本身就需要依靠互动维系，如群发短信讨论事情或者利用手机客户端在 QQ 群、微信群中进行信息的互动；在人际传播阶段，手机的互动性更加明显，无论是通话还是发送短信，其实质都是人与人之间的互动沟通。而这三种传播方式的结合，更能提升信息源的影响力。

（4）个性化传播

手机媒介具有极强的个人属性，因为这是我们日常生活中使用率极高的现代化通信工具，难免会带有个人色彩。从信息传播的角度，主要表现为选择性关注和选择性订阅。对体育感兴趣的人，可以通过手机客户端关注体育媒体，或者订阅体育新闻；对经济感兴趣的人，亦可以专门订阅经济类的内容：在手机时代，每个人接收的信息都是不同的，细分化的市场为媒介提供了更大的发展空间。

第二节　融媒时代新闻传播媒介的功能

在日益激烈的媒体竞争环境中，单纯依靠个体媒介形态无法形成传播优势，在融媒时代，融合新闻传播媒介的功能主要可分为以下三种：

一、个性传播

尼葛洛庞帝在《数字化生存》中提到"我的日报"的概念：我们可以从另外

一个角度来看一份报纸，那就是把它看成一个新闻的界面……想想看，未来的界面代理人可以阅读地球上每一种报纸、每一家通讯社的消息，掌握所有广播电视的内容，然后把资料组合成个人化的摘要。这种报纸每天只制作一个独一无二的版本……你可以称它为"我的日报"。[①]"我的日报"的概念在今天已经实现，这就是基于算法技术的个性化传播。

个性化从字面意义上来讲，就是非大众化，更加独立、特别，具有自身强烈的特征特点。个性化推荐关键在于对海量用户行为数据的分析与挖掘，尽管各平台采用的算法技术模型不尽相同，但是其基本理念都是通过计算机程序挖掘用户的阅读习惯和社交兴趣图谱，敏锐判断用户阅读下一条新闻的可能，以及这一条新闻与前一条之间的关系。在后续使用过程中，这一图谱也通过不断地记录、摸索和算法优化来进一步强化其信息推荐的"智能性"。以"今日头条"为例，"今日头条"强调的就是"用户是信息的主人"，是个性化传播中做得比较成功的移动媒体。

"今日头条"一再标榜自身"只做信息的搬运工，不做信息的生产者"，只因其存在一个缺陷：无法生产原创新闻信息。其原因在于我国规定：商业媒体不具有对时政新闻的采访权，这就导致"今日头条"团队只有少量的编辑记者，其余都是技术人员。"今日头条"致力于移动端的信息推荐技术的创新运用，是其成功的关键。"今日头条"鼓励用户在登录时用新浪微博、QQ等社交账号登录，登录后，它能在5秒钟之内对用户在网络上的行为数据进行大数据分析，在大数据分析用户喜好的前提下，预测用户的喜好，再由爬虫技术在网络上抓取与用户喜好贴合的相关信息传递给用户，这个过程中用户不需要进行任何操作，就能满足自己的个性化需求，节省了用户时间，提高了用户体验满意度。依托于移动端的信息推荐技术，"今日头条"实现了"完美转型"。

除了个性化推荐外，用户生产内容（UGC）的传播过程也包含了很多个性化的内容。网络加入大众媒介后，最令人振奋的特点是将一部分大众传播者的权利分给了受众，与此同时，也将一部分传播技术的使用权转给了受众。"草根"是受众中的绝大多数，新媒体的兴起在媒介使用方面给予了他们更直接的权利，每个用户都有自己的兴趣与观点，通过匿名的或者实名的公众号文章或朋友圈，每

---

① 尼古拉·尼葛洛庞帝（NicholasNegroponte）.数字化生存[M].海口：海南出版社，1997.

天都会产生大量的新观点,这些内容都是个性化的东西,观点之间的交流是个性思维碰撞的结果。

个性化传播的兴起,使受众有了更多的消息来源,打破了大众传媒"一统天下"的局面。

二、强制传播

与移动智能终端中新闻传播的个性化、私人化不同,网络应用程序所经常使用的弹出式新闻传播则是一种强制传播,如微信平台中腾讯新闻的自动推送功能,对于这一类信息,受众没有选择的余地,只能被动接受。强制传播,是指新媒体的运营机构或个人在没有征得公民意愿的情况下,以强制手段扩散信息以求达到某种目的的传播行为。

网络新闻中的强制传播现象复杂多样,其中最常见的就是弹出式广告,如新浪、搜狐等各大门户网站中均能见到弹出式广告窗口。这些广告窗口由于其信息利用率较低,极易引起广大网民的反感和厌恶。

另一种形式则是弹出式新闻。"弹出式新闻"的技术原理与弹出式广告基本相同,两者的最大区别就在于它们所呈现的内容。弹出新闻的对话框是多种讯息的集合与集纳体,且具有极强的时效性。

对于新闻信息的强制性传播,陆地和高菲两位学者将其称为"有益的强制性传播",因为"这些重大的新闻资讯、天气预报和路况信息等,对于受众而言起到一种趋利避害的功能,或者能够满足其特殊需求,在他们的相关调查中,多数受众对于收到的强制性新闻资源内容持肯定的态度,认为一个补充消息来源,了解新鲜事物的有效渠道"[①]。

有意思的是,这些新闻信息的强制传播者并不是传统意义上的媒体,而是一些应用软件,如社交软件(QQ)、网络下载软件(迅雷)、音乐播放软件(酷狗)、视频软件等。作为一款应用软件,其提供非营利新闻信息的动机极为明确,那就是在以新闻吸引受众注意力的同时,将受众销售给广告主。由于这些弹出窗口常常一半新闻一半广告,所以既不使受众厌烦又能实现其商业目的。

---

① 陆地,高菲. 新媒体的强制性传播研究 [M]. 北京:人民出版社,2010.

这些强制性传播有利也有弊。"送上门"的新闻，如 QQ 登录后的腾讯新闻推荐页面、酷狗音乐的资讯页面等，虽然在一定程度上方便了用户获取信息，但内容方面的不规范、质量低等问题也时时困扰着用户。用户对弹出的信息如果不感兴趣，有的可以自行设置阻止页面弹出，但有的却不可以设置，这就有了捆绑销售的嫌疑。

三、交互传播

社交媒体也称社会化媒体，最大特征是其内容的生产和消费行为的"社会化"。广义地说，社交媒体应该涵盖两方面，既包含用户生成的内容，又包含用户间的关系，并且通过社交媒体中的内容建立和维护用户间的关系。社交媒体允许人们生产信息、分享信息，并通过评价、讨论等方式筛选和传播有利于使用者的信息。

信息技术变革促使各类网络应用彻底打通了用户数量和市场规模的瓶颈，社交媒体开始迅速发展并凸显其广阔的市场价值。社交媒体的发展变革改变了信息传播的渠道，并逐渐形成了以其为主体的信息生态，这种信息生态已经渗透到各个角落，融合到社会生活中，影响着人们的行为。很多人改变了从报纸、电视等传统媒体获取新闻信息的习惯，越来越多地在社交媒体平台上获取新闻信息。

微博、微信等社交媒体以及抖音、快手等短视频平台是融合新闻重要的传播渠道。各个媒体机构一般都有自己的微信公众号，对于编辑制作的融合新闻，媒体机构除了在其移动终端进行传播外，也会通过社交媒体平台发布。2019 年 7 月 29 日，中央广播电视总台新闻新媒体中心推出短视频栏目《主播说联播》，从当天《新闻联播》播发的新闻出发，以视频＋图片＋文字的方式，结合重大事件和热点新闻，用年轻人喜爱的通俗易懂的语言、更加接地气的锐评传递主流声音。同年 8 月 16 日，《新闻联播》微信公众号上线，8 月 24 日，《新闻联播》入驻快手、抖音，主推《主播说联播》。微信、微博、快手、抖音，多平台多媒体传播取得了很好的传播效果，圈粉无数。2020 年 5 月，《新闻联播》快手、抖音官方账号粉丝量均已分别高达千万。对于互联网用户来讲，分享是他们的天性，他们每天在社交媒体上转发大量信息，"晒"出各种各样的内容，在接受新闻的过程中也会进行社交分享。在人类历史的大部分时间内，社交关系网是新思想和新信息传播的主要手段，无论是以口头的还是书面的形式。从形式上来看，当下的社交媒体在一定程度上回归了传统的人际传播。

社交媒体的显著特征是通过节点连接而形成传播行为。连接的节点越密集，网络社交能力、信息传播力往往也更强。社交媒体这一特征使其不断催生各种活跃人群，成为网络生态链上一系列重要节点。对于自己接收到的新闻，用户可以通过不同社交平台进行转发和传播，国内如QQ、微信、微博、贴吧、博客等，国外如Twitter、Facebook等，扩大融合新闻的传播范围和影响力。在对媒体与新闻的评价中，社交分享成了评价新闻的一个重要指标，与传统媒体的调查相比，社交分享提供了公开透明的用户意见，记者们可以实时了解作品的热门程度，竞争对手同样可以对某篇文章的热门程度进行分析。

社交媒体通过关系链实现了物理空间的人际交往的关系网的形成，并以此为基础，形成了社交媒体的参与互动机制。也就是社交媒体构筑了人际关系网，同时又通过技术促进了社会个体的相互关联。社交媒体首先建构了一个互联的关系结构空间，进而形成了形形色色的社交群体，通过这些社交群体的信息分享，融合新闻又得以再次发生传播，实现了1+1+1>3的传播效应。

第三节 融媒时代新闻传播媒介的特点

伴随着互联网、数字技术和移动设备的迅速发展和普及，高效地搜集和分享信息已经成为人们生活的一部分，而如何搜集和分享信息会深刻地影响媒介环境的发展。当前情况下，网络已经成为舆论争夺的主战场，网络世界已不仅关乎网络环境，网络空间的舆论生态也将直接或间接地作用于国家意识形态安全和社会稳定，传统媒体在传受关系中的优势地位已被颠覆，推动传统媒体和新兴媒体融合发展成为大势所趋，刻不容缓。面对发展为一人一媒体、全时空传播的新型传播形态，传统意义上的传媒业态遭遇到前所未有的挑战。如何推动传统媒体行业及时转型成为媒体人面临的共同问题。在这一背景下，各个媒体或主动或被动地开始探索媒介融合的道路。

中国的媒介融合进程在2014年开始逐渐起步，党中央在2014年8月颁布了关于推动传统媒体与新兴媒体融合发展的重要文件，给我国媒体指出了融合发展的崭新未来。媒介融合带来新的传播格局，开放的媒介市场与媒介政策的推波助澜均为传统媒体的良性改革提供了广阔的施展空间。传统媒体纷纷趁势而上，在融合的大潮中施展拳脚，并取得了初步成效：一方面，以人民日报、新华社、中央电视台等为代表的一线传媒国企在新媒体领域加速投资，加速发展，获得了更大的话语空间和发展空间；另一方面，包括上海广电、湖南广电、南方报业、浙报集团在内的一系列国有传媒企业和民营企业进行了融资，涌现出众多的新模式及新机遇。在融媒时代，新闻传播媒介呈现出以下几个特点：

一、内容层面：专业化与多元化

面对媒介融合的潮流，各家媒体纷纷对内容的专业化予以高度重视。来自四面八方的形形色色的信息每天不断涌入用户的视野，因此，在"保量"无法取得成效的今天，"保质"就成了万全之策。现阶段，媒介产品内容的专业化与精品化日益受到传统媒体的重视，在媒介融合探索的过程中，传统媒体不断地增强多媒体融合的新闻内容生产技能，力求将精良的内容交付适合的用户手中。报业方面，南方报业传媒集团对旗下的媒介产品进行了内容优化，从单一的文字表达转变为多元的内容呈现，从单纯的文本叙事转化为深度的数据挖掘，推出了包括可视化报道、信息无障碍报道等在内的一系列专业化的内容报道形式；广电领域，上海广播电视台通过内部系统的技术改造和升级换代，对集团内的优质新闻和视频资源进行优势整合，实现了内容库的完全共享，已从一个单纯的电视播出机构转型成全媒体的内容提供商，建立起了一个高质量且完善的内容版权库；作为一个官方主流的信息资讯发布平台，新华社则以客户端为拓展渠道，通过在全球建立专业的新闻采集系统，向用户全天候发布图片、文字等多媒体信息，新华客户端成为全国最重要的智库和信息汇总方，并且已经成为新华社重量级新闻的优先发布平台。下面以比较具有代表性的北京人民广播电台为例作介绍：

媒介融合时代，传统媒体的内容日益呈现差异化、多元化的特征。在媒介融合背景下，新媒体平台成为观点的自由市场，人们以比以往更自由的态度在平台上表达自己的观点，因此我们能看到媒介内容在朝着多元化的方向发展。人们在这种五彩缤纷的信息世界里不断获取信息，同时也传递着自己的声音。媒体开始摆脱"千报一面""千网一面"的传统内容生产形式，力求用差异化战略形成品牌独特性，从而在千万同质化内容中脱颖而出。其中，《人民日报》充分拓展新媒体业务，在内容多元化方面表现优异，《人民日报》（海外版）、各编辑部、人民网及各社属媒体都十分重视微信平台的发展，创建了"侠客岛""学习小组"等微信账号，各微信公众号之间产生共鸣，实现了影响力的汇聚；《人民日报》新闻客户端致力于做"有品质的新闻"，将传播内容分为闻、评、听、问等部分。"闻"侧重的是对重要新闻的呈现，其内容主要包括当日《人民日报》的主要内容及国内外重大新闻；"听"是《人民日报》客户端在媒介融合背景下的重要突破，其特点是将当日重要新闻录制为音频，让受众在不方便阅读的情况下也可方便地获取新闻。与此同时，传统媒体也开始借助民间力量或者发掘自己的核心价值，如中央电视台的 App 注重发动广大观众的力量，致力于发布"看得见的新闻"，《人民日报》客户端依凭自己的权威性，为用户搭建了直接与省部级官员交流问答的桥梁。

新华网的微信公众号"我报道"、人民网的"地方领导留言板"等，实现了由单向传播向内容共创的转换。在广电领域，中国网络电视台充分利用新媒体优势，在内容多元化方面表现优异。

在媒介融合时代，获取对自己有用的信息才是人们使用媒介最根本的目的，也就是说，用户对信息的需求更加个性化了。目前，中国网络电视台有新闻频道、经济台频道等 22 个中文频道，可满足用户不同的信息需求。此外，中国网络电视台还设有英语频道、法语频道等多个外语频道，用以满足来华外国人及外语学习者的观看需求。与此同时，中国网络电视台与多家省级电视台展开合作，在其平台上开辟了省级卫视专栏，实现了用户在其平台上直接收看各省电视台节目的愿望。这些栏目为中国网络电视台的个性化内容提供了新的资源。

具体来说，以视听与互动为核心的"新闻台"是面向全球、多终端、多语种的新闻信息共享平台，能够 24 小时播放中外新闻，促进国内外民众互相了解。这一平台上有多档新闻栏目，不仅集中了 100 个中央电视台的新闻名栏，也拥有 50 个地方卫视新闻名栏。"综艺台"将传统电视媒体的优质综艺节目转移到网络平台上，应用新媒体传播渠道在实现优质内容大范围传播的同时也实现了与用户的互动。而"探索台"则主要以人文、自然、科学等知识为素材，建成了内容丰富的探索专业频道，为用户提供丰富的知识。"体育台"全天候地为体育爱好者提供体育资讯与各种赛事实况，还可以直播 CNTV5+ 的内容，可收看传统电视媒体上常见的体育类节目。"少儿台"是为青少年和小朋友开发的一个频道，在这一频道上观众一方面可直接观看中央电视台少儿频道的节目，另一方面可浏览专门为青少年和小朋友量身打造的专题内容。此外，为了迎合青少年的口味，"少儿台"上还有看动画、逛剧场、学知识、玩游戏、参加活动等板块。"美术台"则有更加丰富的艺术气息，提供一系列受艺术爱好者青睐的资源，其中"中央电视台书画院"发挥着广泛团结我国书画艺术界朋友的作用，成为中央电视台联系中国书画界的窗口。

二、渠道层面：多样化与联动化

在我国传统媒体推进融合发展所取得的成果中，不得不提的就是渠道的多元化。一直以来"内容为王"被视为真理，但在媒介融合背景下，似乎还要加上一句"渠道为王"。当下，我国主要传播媒体的传播渠道花样翻新，信息流动已不单纯依赖于电视广播或者报纸这样的传统媒介。新兴媒体凭借其实时的传播速度、海量的信息内容、多样的信息形态、交互的传播过程、便利的信息检索，让信息无远弗届，成为传统媒体的借力点。传统媒体走上了台网融合、报网融合之路，利用官方网站、商业性网站及便携式移动终端，三管齐下，满足了用户移动化、多样化的需求。

众多传统媒体已经投入到更多传播渠道的探索之中。报业方面，广州日报主要在其官方微博、微信、新闻客户端、大洋网等新媒体和广州日报主要的新闻版面传播信息；而成都传媒集团除了进行图文报道外，还设立了网络视频直播和引入了网络无线直播技术对一些重大事件进行专业化报道。广播方面，中国国际广播电台瞄准互联网推出"环球资讯+"App，致力于打造好看、好玩、好用的新闻移动互联网终端产品。其中，中央人民广播电台的《中国之声》栏目的多渠道传播尤为具有代表性。

三、平台层面：技术性与互动性

媒介融合时代，新的传播格局呈现出平台全媒体化的特点，这意味着在"内容为王，渠道为后"的基础上，还必须兼顾"匹配为上"的原则，即将一定的内容通过某种渠道，依托某种平台传递给一定的用户。为此，我国媒体作出了一些有益的尝试，开始超越传统媒体本体，尝试建立小而美的子品牌，打造多元化的传播平台。报业方面，最具代表性的例子是浙江日报集团的"新闻+服务"型用户平台的建构，也就是以"浙江新闻、移动客户端、新版浙江手机报、浙江在线新闻网站和视频新闻为核心圈的浙江权威新媒体平台"，以"边锋网新闻专区和新闻弹窗、云端悦读 PAD 客户端、边锋互联网电视盒子、钱报网、腾讯大浙网新闻专区以及各县（市、区）域门户为紧密圈的主流新闻传播平台"，以及"各运营媒体 200 多个微博、微信等第三方网络应用和专业 App 为协同圈的主流价值传播平台"。三大平台联合发力，共同打造浙江日报的用户影响力。除此之外，《光明日报》依照不同用户的需求，分别建设了适用于不同用户特点的传播平台，包括为都市白领而开设的光明都市传媒，以及针对高校学生而开设的光明校园传媒等；在满足残疾人的阅读需求方面，南方传媒集团建立的无障碍云服务平台作出了很大贡献。

平台互动化是传统媒体在媒介融合时代呈现出的另一大特点。社交平台在媒介融合进程中有着举足轻重的作用，社交媒体加速了媒介融合进程，正在潜移默化地改变着媒介生态。我国媒体在融合新闻的生产实践中逐渐意识到了这一点，对社交类应用投以关注的目光，并力图发展相关技术，使社交平台和新闻传播平台能够更好地结合，以更强的用户互动性形成对平台的依赖。报业方面，《扬子晚报》建立了交互式平台"扬子活力论坛"，下设报网互动、扬子文苑、行走南京、大嘴南京、南京城事等版块，用户可以充分利用论坛进行交流互动，参与聊天室讨论，精彩的发言会被《扬子晚报》引用，成为报网互动的典型案例；《中国青年报》的"中青社区"也是依托报纸为母体建立起来的读者互动俱乐部，囊括话题、生活、教育与服务四大板块，下设青年话题、青年调查、冰点周刊、中青体育、同学论坛、大学生实践营等针对青年而开放的互动平台，成为读者集结交流与提供反馈的官方平台。广播领域，中央广播电视总台利用央广网同广大网友形成互动交流，鼓励用户在上面与他人分享自己录制的音频内容，这些内容主要来自新闻和文艺方向，它们在电台和网络内容中都占据着重要的地位；而中国网络电视台（后简称 CNTV）作为网络电视领域的佼佼者，则在平台互动领域表现突出。

网络互动主要有内容互动、形式互动、人机互动、人机交互等形式，以此建立媒体与用户的连接。新媒体和传统媒体在传播方面显著的不同主要在于能否有效地开展互动。媒体要想在竞争中占据制高点，就需要让受众在各个方面参与互动。CNTV意识到了这一点，组建了一个集视频播放、网友互动等功能于一体的视频播放平台。对于受众而言，与媒体的互动使他们能更好地理解媒介信息；对于媒体而言，与用户的互动加强了用户对媒体的使用黏性，这对媒体品牌的塑造具有十分重要的意义。

在日常新闻的采集、制作和分发中，CNTV注意探究和利用传统电视媒体和新媒体的优势，扬长避短地生产出更具创新性的媒介内容，采用更具创新性的信息分发手段。一方面，无论对于什么媒体，优质的内容都是媒体发展的核心因素。CNTV在此基础上对自身媒介内容进行不断革新，既保持了自己核心的新闻报道优势，又尝试紧贴当前用户喜好，生产出更加有趣的、具备分享潜力的内容。另一方面，CNTV意识到了内容分发渠道对于获得更多受众注意力的重要意义，因此最大限度地开发新闻报道渠道，利用网络电视、智能手机、IPTV等各种传播手段进行传播，并尽力为受众提供互动机会，鼓励他们对媒介内容进行转发。

除了对大型事件的互动性报道外，面对社交网站迅速发展的现状，CNTV在日常业务中广泛应用了社交媒体。例如，在直播中使用了"边看边聊"的功能，让用户在观看视频的同时可以参与讨论。CNTV还建立了社区和微博两大互动平台，计划在社区平台上引入更多具有视听特色的互动应用，并充分发挥微博强大的媒体功能，在重大报道中利用微博打造全新的网络报道新模式。CNTV互动研发中心以微博用户中心为平台，以全面提升用户体验为目标，在不断提高网友注册数和使用黏度的同时，与各专业子台紧密结合，围绕用户需求、电视栏目等进行产品设计、开发和运营，最终实现了CNTV互动产品、优质内容和活跃用户的共同增长。除了传统节目的移植和制作，CNTV还根据互联网的发展开放了视频节目的分享平台，开辟了爱西柚和爱布谷两个频道，分别定位于视频分享和视频直播，以实现用户全面观看视频内容的愿望。

第五章　融媒时代的新闻传播受众

本章主要讲述融媒时代的新闻传播受众，从三个方面展开分析，这三个方面分别是融媒时代新闻传播受众的角色定位、融媒时代新闻传播受众的权利与责任以及融媒时代新闻传播受众的接受与反馈。

第一节　融媒时代新闻传播受众的角色定位

融媒时代新闻传播的受众定位是指在融媒时代对新闻媒介的目标受众进行确定，并在分析新闻媒介市场以及媒介产品市场定位的基础上作出科学、合理的决策。

随着融媒时代的到来，与以往的受众相比，新闻受众定位与以往有很大的不同。

我国在进行社会转型和体制转轨的同时，原有的社会群体内部产生了一些新的阶层。而在社会阶层日益多元化的影响下，受众对新闻信息的需求变得多种多样。这不仅使新闻传播受众市场的分割越来越严重，而且在一定程度上促进了新闻传播受众市场进行重新组合。在这一趋势的作用下，新闻媒介越来越重视对受众进行细分与定位。

自改革开放以来，我国经济得到了快速发展，科技水平也有了很大的提高。在这一形势的影响下，新闻媒介获得了极大的发展，从而使我国的新闻传播事业发生了重大变化，具体来说表现在两个方面：一是新闻媒体的数量有了快速增长；二是新闻媒体的种类得到了极大丰富，除了传统的"一报二台"外，电视台、广播电台、报刊的种类快速增加，还出现了数字电视和互动电视。在此影响下，新闻媒介之间的竞争日益激烈，而且一家新闻媒介覆盖所有受众的目标不现实。于是，新闻媒介不得不重新确定最适合自己的目标受众，并采取有效措施尽可能争取目标受众。

在新闻媒介之间的竞争日益激烈的同时，受众对新闻媒介有了更大的选择空间和选择余地，从而促使我国的新闻传播事业逐渐由卖方市场转变为买方市场。而在买方市场逐渐形成的过程中，新闻媒介的经营日益意识到通过受众定位来促进自身发展，进而在激烈的新闻媒介竞争中脱颖而出的重要性，并积极着手进行受众定位。

一、新闻传播受众角色定位的影响因素

融媒时代新闻传播受众的定位受到一定因素的影响，概括来说，这些因素主要包括以下几个方面：

（一）受众的职业

处在同一城市中的受众，由于职业的不同，在兴趣方面也会表现出较大的差异。而对于任何一家新闻媒介来说，在进行受众定位时将不同职业身份的受众的兴趣、爱好都包罗进来是根本不可能的。因此，融媒体时代下的受众定位也要充分考虑受众的职业身份这一因素。

（二）受众的年龄

受众的年龄不同，对信息的需求也会存在较大的差距，如年轻人更喜欢时尚、娱乐、游戏等方面的信息；中年人更喜欢与国计民生以及人民的切身利益密切相关的信息；老年人更喜欢健康、养生等方面的信息。因此，融媒体时代下的受众定位绝不可忽视受众的年龄这一重要因素。

（三）受众的心理机制

受众的心理机制决定着其对新闻信息在数量和质量方面的需求。因此，只有充分地了解与把握受众的心理机制，才能更好地满足受众对新闻信息的需求。以此为基础，新闻传播媒介就可以大幅提升准确定位受众的能力。

（四）受众的受教育程度

新闻媒体、新闻栏目、新闻报纸由于自身内容定位的不同，对受众的受教育程度的要求也有所差异。通常情况下，电视受众的受教育程度普遍低于报纸受众的受教育程度，因为不识字的文盲也可以观看电视节目，而不识字的文盲要阅读报纸则是不可能的。因此，融媒体时代下的受众定位也要考虑受众的受教育程度这一重要因素。

二、融媒时代新闻传播受众角色定位的转变

在新媒体日益扮演重要角色之后，诸多新媒介的使用者难以用传统意义上的"受众"概念来进行指称。"受众"一词失去了明确的指向性，因而"用户"的概念逐渐被引入传播学领域。如今各个媒体融合发展，融媒时代新闻传播受众的定位因此也发生了以下几个方面的转变：

(一)从消费商品到生产商品

融媒时代,受众作为媒介商品消费者的身份逐渐发生了改变。受到后现代主义思潮全球化的影响,多元主义价值观在经济全球化的多元文化互动中得到更多的文化认同。传统媒体消费者的"被动的信息接受者、目标对象"的角色逐步被"搜寻者、咨询者、浏览者、反馈者、对话者、交谈者"等新角色所取代。"用户生成内容"概念的诞生与日益流行,正是这种身份转换的标志。用户生成内容主要是指用户通过不同的形式在网络上发表自己创作的文字、图片、音频、视频等内容,它是 Web2.0 环境下一种新兴的网络信息资源创作与组织模式。由此可见,在融媒时代,用户已由消费者逐渐向网络产品的生产者转变。

(二)从匿名群体到真实个体

在传统的大众传播理论中,受众常以匿名的和不具个性的客体出现。虽然有些受众成员偶尔也会通过各种形式直接或间接地参与新闻媒体工作,但总体而言,受众对于新闻媒体来说,是一种笼统的、隐蔽的存在。

在融媒时代,互联网用户越来越难以隐匿自己的形迹;而从主观方面看,用户在网络中呈现自己真实、固定身份的意愿也日趋增强。如今,只要你对某个人有兴趣,就可以阅读他的博客,订阅他的网摘,通过社交网站等方式熟悉他的朋友圈子、接触他的人际关系网,通过豆瓣网了解他在读什么书、看什么电影,通过微信朋友圈欣赏他的照片、了解他的动态……更为关键的是,各种平台和渠道都在竭力相互融合、相互贯通,努力让用户通过一个入口能走进某一个用户的全部个人世界。

由此可见,匿名性绝非互联网用户的特征。随着网络和新媒体的广泛应用,用户越来越倾向于有选择地公开个人隐私,把现实生活中的自己呈现于互联网,塑造一个真实的、固定的个体身份。

(三)从被动接受到主动获取

进入融媒时代之后,互联网逐渐打破了传统大众媒体对信息源的主导地位,互联网用户拥有了获取信息的主动权。随着互联网的快速发展,世界各国、各地区的联系日益密切。它对传统的地缘政治、地缘经济、地缘文化的概念具有很强的冲击力,形成了以信息为核心的跨国界、跨文化、跨语言的全新虚拟空间。互联网已经成为大多数人获得新闻和信息的第一来源,而利用电视、无线广播、报刊等媒介获取新闻的比例呈现下降的趋势。这主要是因为,新产生的信息大多是数字化、网络化的,而原有的重要信息也经历着被数字化、网络化的过程。互联网的运用,为人们快速找到自己所需要的信息提供了方便。互联网从根本上改变了人们在接收信息方面的被动地位,用户可以根据自己的需要选用有效的信息。另外,互联网用户可以自由地选择他们想看、想读、想写的信息。这种选择,无论是对信息内容的选择,还是对信息的接收形式、接收时间和接收顺序的选择都极具灵活性,用户主动获取信息的渠道逐渐多样化。

(四)从受众反馈到用户体验

目前,人们普遍认为,受众是新闻传播的积极参与者,而受众对于新闻媒介整个运作的参与,主要是通过以各种形式的反馈向记者、编辑和媒介的决策者表达他们的意见和期望来实现的。受众对新闻媒介最经常、最权威的评价就是对各种各样媒介的接触程度,即报纸的发行量、电台节目的收听率、电视节目的收视率,发行量、收听率、收视率是新闻媒介的生命线,而受众控制着这条生命线。在我国,随着市场经济的深入发展,受众得到了真正的重视和尊重。当新闻媒介真正走向市场、参与市场竞争以后,新闻媒介的从业人员才懂得,受众是新闻媒介得以顺利运行的主要力量。然而,受众对于新闻媒介来说,是一种模糊而微弱的存在。受到各种因素的影响,传统媒体受众的反馈手段仍比较落后,反馈通道不够通畅,反馈信息量小,速度也慢。随着"体验经济"概念的提出,人们对体验经济的产生以及体验经济对社会生活产生的影响进行了研究。用户体验被定义为"人们对于正在使用或期望使用的产品、系统或者服务的认知印象和回应"。这一概念最初运用于IT应用设计领域,但由于其他行业的竞争背后也普遍存在用户体验的竞争,因此这一概念逐渐被推广。它主要包括产品或服务的象征意义、产品的易用性、产品的功能、产品提供信息的准确性和合理性。互联网时代的用户体验具有以下特征:

第一,用户的个性化需求提高,"体验"因其独特性使自身成为一种相对稀缺的资源,而突出人性化是用户体验最大的特点。因此,要针对用户个性特征以及具体的需求来为用户提供相应的信息服务。

第二,用户的参与性需求提高。互联网时代的用户不仅仅关注信息本身,更关注其来源以及获取途径。相较于结果而言，用户更重视过程。因此，信息服务应该具有开放性、互动性。

第三，用户的情感性需求提高。用户在关注信息服务内容和质量的同时，更注重情感的愉悦和满足。他们更注重整个消费过程的环境、信息关联度以及技术条件支持带来的真实感受。

随着互联网的普及，网络用户的地位发生了明显的转变。在传统的传播结构中，"反馈"一词反映了受众处于被动地位，而在融媒体时代下，相较于"反馈"而言，"体验"的概念更能对用户在传播结构中的地位和角色进行准确的描述。互联网传播的交互性对旧有的传播方式而言是一个革命性的突破。在互联网中，用户享有前所未有的参与度，媒体和用户形成充分的双向交流。

（五）从接收信息到传播信息

融媒时代，随着互联网技术的使用和推广，用户具备了成为信息传播主体的条件。数字技术使传播者与受众位置互换、重叠、界限模糊，传播活动逐渐"去中心化"。在Web2.0的技术平台上，信息传播交互的每一个节点上都可能是一个传送或接收的中心，传播活动早已不再是自上而下的单向式传播，而是呈现信息传播的双向结构和网状结构。相比之前，人们进行传播活动更加便捷、高效，每个用户都可以在对话中实现决策参与，成为传播活动的主体。

互联网用户作为信息的传播者，其主要传播特征即自媒体表达。"自媒体"这一概念由谢因·波曼与克里斯·威理斯在《自媒体》中提出，它是普通大众经由数字科技强化与全球知识体系相连之后，如何提供与分享他们本身的事实与新闻的途径，每天人们通过论坛、博客、微博等渠道发表的言论达数百万条。这是一个庞大而独立的自媒体群，每个人在即时化的海量信息传播中，模糊了个人媒体和传统大众媒体的边界。除了拥有巨大影响力的名人通过"自媒体"表达观点和传播信息以外，普通公民在维权抗争、实行监督、观点交流方面也表现出巨大的活力。官方控制民众自由表达的时代已经一去不复返，公民在"信息权力"上逐渐变得强势。正是因为这种权力和影响力的上升，促使国家、政府在各个方面更加重视舆论带来的压力，不断改进管理模式。信息的快速传播、扩散不仅在信息选择上成就了普通公民自由的表达权，也在信息解释、观点呈现上摆脱了传统媒体报道的框架，给予了公民自由表达的权利。

第二节　融媒时代新闻传播受众的权利与责任

一、融媒时代新闻传播受众的权利

（一）新闻受众权利的特点

新闻受众的权利，特指新闻受众在新闻传播中享有的各项权利，是法定的公民权利在新闻传播领域的体现，或者说，是通过新闻媒介享受法定的一些权利。其具有以下几个方面的特点：

1. 法定性

受众在行使自己的权利时，必须与法律的规定相符合，而且必须在法律规定的范围内行使。这对于保障受众的合法权利具有重要意义。

2. 目的性

受众在行使自己的权利时，是以追求、维护自己的合法利益为目的的，而且受众为了更好地满足自己的利益，往往希望自己能够享受更多的权利。

3. 自主性

受众权利在法律上既表明了受众在新闻传播活动中行为自由的目标、方向、程度和范围，也体现了受众在新闻传播活动中的自主性。简单来说就是，受众在法律的范围内，能够依据自己的意志选择实施或不实施某种行为，对此其他组织或个人不得进行阻碍。

4. 共生性

受众从传播生态学的角度来看，是在具体的新闻传播活动中产生的。具体来说，在新闻传播活动中，信息接受者在接收信息的过程中就自然而然地成为受众。由此可以知道，受众与新闻传播者是相对而存在的。也就是说，新闻传播者和受众是相互共生的，任何一方都离不开另一方。从这个意义上说，受众的权利具有共生性。

5. 双重性

受众权利的双重性特点，具体来说体现在以下几个方面：

第一，受众作为新闻媒介市场化过程中的消费者，享有普通消费者所具有的一般权利。

第二，受众权利表明受众在新闻传播领域内享有以知情权、选择权、话语权等为核心的新闻权利。

（二）新闻受众权利的内容

融媒时代新闻受众权利的内容主要包括以下几方面：

1. 隐私权

隐私权又叫免知权。它是指受众享有个人独处，对个人与公众利益、公众事务无关的私生活进行保密、不受新闻媒介打扰和干涉，以及个人的名誉和利益不受伤害的权利。人是个体性存在与社会性存在的统一，作为个体性的存在，每个人都有自身特殊的利益和要求，有不能示于他人或公布于众的秘密，即属于个人的隐私。受众自身对所专有的秘密的占有权，他人不可侵犯。如果新闻媒介以营利为目的，不惜侵犯了个人生活的安宁，引起了个人精神上的痛苦和不安，就是侵犯了他人的隐私权。对此，合法权益受到损害的公民，可以向人民法院提起诉讼，并要求道歉和赔偿。尊重和保护一个人隐私权是社会进步的重要表现，也是大众传播活动中的必然要求。

2. 知情权

知情权又称获知权、知晓权、知悉权等，是指公民获取有关社会公共领域信息以及与本人相关信息的权利，具体可包括政治知情权、司法知情权、社会知情权和个人信息知情权（如出生情况、亲生父母等）。在新闻传播领域，受众有权要求新闻传播媒介提供作为一个社会成员所应获得的种种真实的新闻信息，有权及时得知政府、行政机构等的有关公共信息和国内外每天发生的重大事件或有意义的事件，这是受众最基本的权利。新闻受众的知情权规定，新闻媒体必须对公众的知情权负责，积极承担相应的责任和义务，该报道的要及时报道，该传播的要公开传播，以充分满足新闻受众"知"的权利。特别是当有关信息涉及或影响到受众的生活和工作，并且要求他不得不作出决定的时候，凡是有意扣留这些信息，或者传播虚假或歪曲事实的信息，就是侵犯了受众的知情权。具体来说，受众的知情权包括以下四方面的要求。

第一，平等获取新闻信息。新闻信息产品通常属于社会公共产品，它具有非分割性（在保持其完整性的前提下可由众多消费者共同享受）、非竞争性（每增加一个消费者，其边际费用是零）、非排他性（消费者在使用新闻信息产品时不排除别人能同时消费使用的可能）。因此，人们获取信息及共享新闻信息的机会、条件应该平等。此外，人们在获得新闻信息服务时，提供新闻信息服务的传媒机构往往也具有上述公共产品的性质，其消费上的社会效用大于私人效用。因此人们也要求在接受新闻信息服务时，基本上实现机会与条件上的平等。

第二，知晓真实传播内容的权利。真实性是大众传播内容的最根本要求，受众有权获取真实的传播信息。为确保受众能获取真实的信息，大众传播者一定要提高自身的业务水平和职业道德水平，以认真负责的态度进行新闻信息的搜集、制作和传播，并注意受众的反馈。

第三，知晓大众传播者的传播意图和目的，并对这种传播意图和目的进行监督。例如，传播者以背景材料的形式向受众介绍节目的策划，包括策划的意图、目的和要达到的预期效果等，这样就可以使受众做到心中有数，能更准确地接受和理解信息，避免了盲目和误解。

第四，知晓自身真实状况的权利。自身的真实状况既包括外在环境的真实状况，例如自身在社会中的位置，在传播过程中的地位和作用等，又包括自身的真实需要、情感、意志以及接收信息所发生的态度和行为的改变等。只有知晓了自身的真实情况，受众才能以此为基础，对整个传播作出判断。

3. 选择权

受众有权通过大众媒介自主选择信息产品、选择新闻信息服务，这是法律赋予受众的一种最基本权利。我国《宪法》第47条规定："中华人民共和国公民有进行科学研究、文学艺术创作和其他文化活动的自由。"[1]《消费者权益保护法》第9条规定："消费者享有自主选择商品或服务的权利。"[2]这些规定表明，在大众传播中，受众面对众多的新闻媒介和新闻信息有权根据自己的需要、兴趣、爱好和自己所能运用的方式作出自由选择——或喜爱或厌恶，或接受或拒绝，或阅听或观看，没人可以强迫。对于这些新闻产品，消费者——受众有权进行比较、鉴别和挑选，有权拒绝商家——新闻媒介的强制交易行为。

4. 表达权

从一般意义上说，表达权又称表达自由，是指公民通过口头或书面以及特定

---

[1] 全国人大常委会办公厅.中华人民共和国宪法[M].北京：中国民主法制出版社，2014.
[2] 吴景明.消费者权益保护法：第3版[M].北京：中国政法大学出版社有限责任公司，2021.

行为表达自己意见的自由，包括言论自由、著作自由、出版自由、新闻自由、集会自由、结社自由、游行示威自由等[①]。在新闻传播领域，指受众享有使用各种媒介手段与方式公开发表、传递自己的意见、主张、观点、情感等内容而不受任何个人或组织非法干涉、限制或侵犯的权利。受众表达的内容可以是向新闻媒介反映所遇到的实情，可以是在新闻媒介发表对某事件的见解，也可以是反馈对大众传播媒介的看法，甚至可以是检举、控告新闻媒介对受众心理与精神的伤害和污染，并对保护受众权利的工作提出批评、建议。新闻媒体和相关管理部门要允许他们表达，为他们提供表达的机会和平台。不管什么时候，新闻媒体不得拒绝受众正确且有报道价值的意见，不得肆意剥夺或减少新闻受众的媒体表达自由。尤其要确保底层受众的发言权，把媒体的版面或时间还给受众；要确保受众的批评权，只要所说的值得报道，都要尽量予以刊播。

新闻受众的表达权并不是绝对的权利，而是有所限制。我国《宪法》第51条规定："中华人民共和国公民在行使自由和权利的时候，不得损害国家的、社会的、集体的利益和其他公民的合法的自由和权利。"[②] 这是对表达权的法定限制。新闻受众应当正确行使表达权，不要滥用。

5. 传播服务保障权

传播服务保障权是指受众依照法律享有进行传播消费和一系列服务保障的权利。这一权利有许多具体的细则，如受众享有自由选择媒体、选择新闻信息消费方式以及要求新闻媒介提供合格的、良好的服务的权利。而这些权利在实际操作中常常被忽略或侵犯，如强行摊派订阅、非正常停刊减张、广告侵占新闻播出时间、新闻质量低劣、未按电视节目预告播出节目、延期投递等，都是对受众传播服务保障权利的侵犯。

6. 批评监督权

批评监督权是指受众按照法律规定，有权通过新闻媒介对社会和国家事务，对有关工作人员，对新闻媒介和新闻工作者进行批评和监督。我国《宪法》第41条第1款规定："中华人民共和国公民对于任何国家机关和国家工作人员，有提出批评和建议的权利；对于任何国家机关和国家工作人员的违法失职行为，有向有

---

① 谢鹏程. 公民的基本权利 [M]. 北京：中国社会科学出版社 .1999.
② 全国人大常委会办公厅 . 中华人民共和国宪法 [M]. 北京：中国民主法制出版社，2014.

关国家机关提出申诉、控告或者检举的权利，但是不得捏造或者歪曲事实进行诬告陷害。"①受众通常可以根据法律条文、道德规范、行为准则等标准，通过写信、打电话、舆论声张乃至司法上诉等形式向传播机构和传播者反映自己的意见、要求，行使自己的监督职能。对于受众的批评和建议，传播机构和传播者应予以及时答复，并积极采取措施纠正错误、弥补不足，从而保证受众批评监督权的有效实施。

7.侵害补偿权

侵害补偿权即受众权益在受到侵害时有权依照法律享有要求补偿的权利。这是保护受众权益不可缺少的一环。在大众传播过程中，由于故意或失误使受众的名誉权和利益受到侵害，使受众的隐私权受到侵犯，由此给受众造成的精神上和物质上的损失，按照公正平等的原则，受众理应得到相应的补偿。侵害补偿权也是受众在大众传播过程中，主体地位不断提升的结果，如果受众仅仅处于客体地位，其一切都受传播者的操纵，就与传播者处于不对等的地位，在此种情形下，即使受众遭受到某种侵害，也很难言及补偿的权利。

二、融媒时代新闻传播受众的责任

在现代新闻传播活动中，传播主体和传播客体之间的关系一直是新闻媒介高度关注的内容之一。近年来新闻媒介的传播活动出现了一系列问题。广大新闻爱好者作为新闻传播活动的对象，对新闻传播的健康文明发展也起着重要的作用，体现了受众在传播活动中的社会责任意识。新闻传播活动作为社会活动的一种类型，总是受到社会各个方面因素的影响，受众作为新闻传播活动中的一个重要组成部分，其社会性决定了他们在新闻传播活动中要承担一定的社会责任。现代新闻信息传播是一个双向的互动过程，受众依据自己的个人意志在新闻传播活动中发挥其主观能动性，体现个人意志、表现主体思想，并且享受一定的自由权利。因此，重视培养广大受众的社会责任意识是提高新闻传播活动效应的一个有效方面，通过对传播对象责任的明确与研究，来建立良好的新闻传受关系，促进新闻传播活动的进步与发展。

---

① 全国人大常委会办公厅.中华人民共和国宪法[M].北京：中国民主法制出版社，2014.

（一）新闻受众的社会责任表现

在传统的新闻传播活动中，新闻媒介一直都是处于绝对的主体地位，实际上在整个新闻传播活动中，信息的传播者和接受者都是其中的重要组成部分，都有着主观能动性和创造性，因此都应该是新闻传播活动的主体。改革开放以来，我国社会主义市场经济体制逐步确立并进一步完善。在新闻传媒界，社会受众的重要地位得到了社会的空前重视，甚至在新闻理论界还提出了所谓的受众本位理论。其实，一个和谐的新闻传播过程，不能只是由片面的传播者主体或者接受者主体来定论，新闻传播的顺利完成，不能依靠他们当中任何一方的单独努力来完成，而是需要双方的共同努力来维护，受众应当认识到自身在传播活动中的能动作用，并对自身的新闻传播行为承担一定的社会责任，这种责任更多地表现为广大受众的社会道德意识。

新闻传播活动中，受众的社会责任具有一定的客观性，它不是新闻传播活动强加给受众的，也不是作为新闻传播客体的接受意识所赋予的，它不以个人的意志为转移，客观存在于新闻传播活动以及接受客体本身。社会责任存在于新闻传播主客体中，无论社会承担还是推脱，都客观存在。新闻受众在新闻传播活动中，属于信息交流的目的地，是新闻传播活动中不可缺少的参与者。作为社会性的受众不仅仅是一个被动的新闻信息接受者，而是能够对新闻信息作出主观判断并能够对信息进行再次传播与反馈，他们的阅读习惯以及个人兴趣、观念往往成为影响新闻传播的重要因素，对新闻信息传播效应产生了至关重要的影响。

现代新闻传播是一个新闻事实经过新闻采编者的选取、制作、加工等形成的新闻信息作品，最终传达给社会大众并形成一定的社会影响和传播效应的过程。新闻媒介所传播的任何新闻信息最终都是为了让广大受众接受，从而实现新闻传播活动的社会价值。整个过程包含了新闻传播主体、新闻信息本身、新闻接受者三个最基本的组成部分。从动态过程来看，新闻信息从最初的被发现、选取、加工、形成、传输，然后到受众的接受、评价、再传播等，在这个传播活动结束之后，或者新闻传播活动的多次传播完成之后，产生了一定的社会传播效应，才能体现新闻的社会价值。在新闻信息的再传播中，受众的社会责任意识、道德观念对新闻传播产生着至关重要的影响，从某种程度上说，此时的受众是另外一个传播主体，他们对新闻信息的看法和态度会对新闻信息最初的传播目的产生积极的或者消极的影响，这就取决于受众对信息的认识以及关于新闻信息的社会责任。

（二）新闻受众的社会责任培养

社会受众是一个复杂、分散而又庞大的群体，没有确定的社会定位意识，这是目前广大受众普遍存在道德责任缺失的主要原因。受众在更多的情况下是作为新闻信息的接受者而出现在新闻传播活动中的，在很多受众的意识中，新闻传播还是大部分作为新闻传播者单方面的工作而进行，尽管一些受众能够通过对信息的接收表现出一定的主观能动性，但是这些行为更多的是在受众无意识的状态下进行的，而且是站在自身需求和意识要求的层面来对新闻信息进行取舍和判定。广大受众把接收新闻信息看成自己的个人行为，不需要对整个新闻传播活动和传播系统作出必要的负责，也不会考虑对其行为后果负责，因此要培养受众的社会责任意识，就必须加强他们自己在新闻传播活动中的社会角色认知。

培养社会大众的社会角色认知要让他们认识到自我在新闻传播活动中的重要角色。他们可以在新闻传播活动中作为积极的参与者而出现，正是有了大众对新闻媒体的大力支持和信赖，才让传播媒介得以快速地发展和进步。他们对新闻传播活动的要求和建议都将直接影响信息的传播与效应，并对传播者起到一定的制约作用。社会应当鼓励广大受众积极参与现代新闻信息传播活动中，明确自身的地位与作用，并遵守基本的活动规范，结合传播主体和信息内容，共同促进新闻传播的合理发展。

社会责任对于广大受众来说不仅仅是一种责任意识，也是一种社会责任能力的体现。在现实社会中人们往往对社会道德责任报以称赞和美誉的态度，但是很少把它作为解决现实生活问题的必要能力，这是对社会道德责任的一种错误态度。因此，在现实生活中需要培养大众的社会道德责任，使其真正应用于日常生活当中，加强受众责任意识、提高责任能力。在具体的现代新闻信息传播活动中，受众必须要拥有了解、认识、运用和监督新闻媒介的能力，更好地在新闻传播活动中发挥自身的角色价值，履行自己的社会道德责任。

作为受众首先要正确认识新闻媒介的性质，了解新闻信息的制作过程、传播过程以及传播功能，最终看清现代新闻媒介的本质是构架社会现实而不是简单地再现社会现实。在信息资源快速发展的当今社会，人们往往依赖于通过新闻传媒来认识和了解现实社会情形，很少主动地去怀疑或者验证新闻信息的真假。实际上，新闻信息在制作的过程中不可避免地要带有传播者的主观观点，其中包含着新闻制作者的意识形态观念和价值评价标准，不能具有普遍性，因此大众就有必要对发布信息的新闻媒介有一个清楚的认识和了解。其次，广大受众要培养自身分析信息、评价信息的能力，要以科学的、理性的眼光来对待当今时代无限丰富的信息量。再次，作为信息接受者的大众，还必须具备监督大众传媒的能力，这也是受众社会责任的一个重要体现，呼吁并促使新闻媒体为社会提供真实的、科学的、健康的新闻信息，从而促进社会的健康文明发展。

受众在现代新闻传播活动中的主观能动性越来越强，对新闻传播活动的影响也越来越大，社会受众在新闻传播活动中的社会责任成为目前大众传播中的重要研究问题。一次成功的新闻传播活动主要的社会责任在于新闻媒介，而基本的社会义务则在于社会公众。

第三节　融媒时代新闻传播受众的接受与反馈

在融媒体时代，新闻受众在现代新闻传播的双向互动活动中，他们接收信息、共享信息、传播信息的同时也发生着道德观念和责任意识的相互交流和影响。社会受众在传播过程中拥有明智的理性，理性是社会人与一般动物之间的本质区别，人的思想决定了人在社会活动中的理性程度，在对待某一事物的看法和理解上，人们会根据一定的社会道德标准或者价值观念来约束自己所作出的言行举止，确定自身行为动机，这就是理性的潜在作用。这一过程中，人们在决定自身行为时就需要依靠所具有的社会责任意识和道德理念来进行判断和评价。人性的本质决定了一个社会人是一个理性与非理性结合的整体，社会责任的关键作用就在于对人性当中非理性成分的约束和说服，这对新闻传播效应有着重要的影响。

社会受众在新闻信息传播活动中，对新闻信息的自由选择为新闻传播客体提供了社会责任实现的可能性。自由选择的实现需要人们承担一定的社会责任和道德责任，社会责任的实现是接受客体在社会活动中实现自我价值的一种表现形式，而人的社会责任意识在很大程度上是要靠人对事物的自由选择为基础的。在新闻传播活动中，自由选择与一定的社会责任是以正相关的关系而存在的。当今信息时代，各种类型的新闻信息充斥整个社会空间，受众在接收信息上有着绝对充分的自主权，尤其是在当今网络信息传播环境中，各种媒体融合，受众完全可以根据自己的兴趣爱好来选择自己所要接受的内容，网络的交互性可以让受众在自由接收信息的同时，对信息进行评价和传播，并且和其他的受众进行观点的交流和探讨。

在新闻传播活动中，接受客体的权利与责任构成有着对等统一的关系，受众在现代新闻信息传播过程中享有主体性的权利并承担一定的社会责任。其中受众的权利包括知情权、评价权、话语权、平等权等，但是在新闻传播活动中，受众不能超越道德和法律的底线而随心所欲，这些权利的使用会对新闻传播效果、社会舆论等产生直接或间接的影响。这就需要社会责任意识来对行使权利的主体进行约束和规范，受众要考虑自身的言语行为可能给社会带来什么样的影响并对其负责，才能保证一个新闻信息的正常传播效应。

也就是说，新闻传播受众在接收信息时享有权利，在对这些信息进行反馈，与他人讨论的时候，同时也需要承担一定的义务，新闻传播受众对于新闻信息的接收与反馈，是一个完整新闻传播过程的最后一个环节。

第六章 融媒时代的新闻传播效果

本章为融媒时代的新闻传播效果,主要有两节内容,分别为传播效果的类型、融媒时代新闻传播的深度影响,从这两个方面讲述了融媒时代新闻传播的效果。

第一节 传播效果的类型

新闻传播效果依据不同的标准，可以分成不同的类型，具体如下：

一、以新闻传播效果的表现形式为标准进行分类

以新闻传播效果的表现形式为标准，可以将其分为两类，即显性效果与隐性效果。

（一）显性效果

显性效果指某一新闻传播之后产生的直接的、可感的、联动的反应。它效果显著，而且往往能引起社会再传播，产生联动效应。它是新闻传播直接追求的目标，一般以受众反应强烈、反馈多、直接引起社会广泛关注和相关事件的解决为标志。

（二）隐性效果

隐性效果是一种间接的、潜在的传播效果，具有间接性、隐含性、递增性等特点。它对社会的影响是长期的、巨大的，也是不能忽视的，它很难用量化的指标加以衡量。隐性效果主要表现在知识积累、对人的思想潜移默化的影响、对国家和社会发展的影响。这些影响可能是正面的，也可能是负面的。

二、以受传者思想行为与传播者意图之间的关系为标准进行分类

以受传者思想行为与传播者意图之间的关系为标准，可以将新闻传播的效果分为三种类型，即正效果、负效果与无效果。

（一）正效果

正效果指新闻传播引起的社会反应与传播者预期要达到的社会目标一致。这是传播者的目的，也是传播者愿意付出一定代价进行新闻传播的基本动因。正效果通过强化、弱化、改变受众原有倾向或给受众倾向空白处增容的方式发挥作用。其主导方向对传播者有利。

（二）负效果

负效果是指新闻传播引起的社会反应与传播者期望达到的社会目标相反。它

是新闻传播者力求避免的一种效果，其中逆反效果是重要的表现形式之一。一般而言，传递虚假信息、过多重复旧有观念和结论而超过受众心理满足程度、传递的信息和受众固有观念相抵触等，都可能引发逆反效应。

需要特别指出的一点是，要想完全避免新闻传播的负效果是根本不可能的，只能确保大部分效果的良好。

（三）无效果

无效果是指新闻传播对社会没影响，传播前后受众的思想和行为没有任何变化。对于新闻传播来说，即使它的正效果、负效果很大，对一部分受众来说也可能是无效果。

一般而言，当受众认为新闻传播的内容不真实、新闻传播的内容没有价值倾向和意义、新闻传播的方式与自己的需要不相符合时，便会导致新闻传播的无效果。

第二节　融媒时代新闻传播的深度影响

在"什么控制媒介"的话题之后，作为媒介控制研究的另一层面，"媒介控制什么"这一议题也摆在了面前。古往今来，传播媒介一直被赋予较多功能，其中备受重视的是它作为特殊工具对社会和国家的控制作用。实际上，传播媒介参与控制的方式是潜移默化式的，如果将传播媒介放在人的体内循环系统中，那么它应该是动脉，不断生成信息传递信息；把它放入计算机网络系统中，那么它应该是调制解调器，不断编码又译码，其功能都表现在沟通、连接整个体系，同时从另一方面来说，它们也是控制阀，主要作用于社会环境、公众舆论和意识形态，以取得媒介所有者的预期效果。

一、维护国家统治合法性

纵观历史，不论是封建时期的"君权神授"说，还是资产阶级革命以来的民权说，这些说法都服务于同一个目的，即为当时的统治权力或者政府提供其存在的合理性。早在17世纪，英国著名的思想家和政治家约翰·洛克就在其最具影响的文章《政府论》里提出了一个重要观点：政府的存在必须有其合法性。"合法性"

指的是政府只有取得被统治者的同意,并且保障人民拥有生命、自由和财产的自然权利时,其统治才有正当性。洛克认为只有取得被统治者的拥护,社会契约才能成立,如果缺乏这种拥护,那么人民便有推翻政府的权力。由此,洛克打破了长久以来的"君权神授"的观念,这足以让当时的统治者胆战心惊。洛克的观点在后世被延伸和发展,开启了英、法、美等国家在民主权利和自由学说方面的思想启蒙。

在国家权力交替的过程中,无论是通过世袭接班,还是通过民选公投,所有统治权力阶层都需要证明其执政的正确性和合法性,中外皆同。中国《论语·子路》有言:"名不正,则言不顺;言不顺,则事不成;事不成,则礼乐不兴;礼乐不兴,则刑罚不中;刑罚不中,则民无所措手足。"①意思是如果想要成事,则首先该想好其合理合法的原因是什么、否则事情失败,制度废弛,责罚不当,老百姓也将无所适从,"师出有名"也正是这个道理。合法合理性作为政府组阁和国家治理的先决条件,首先需要向人们展示政治权力的交接经过了法定的或者合乎民心的选择,其次需要让人民了解和知晓治国的方略和指针,更要在此基础上争取人们对政权的支持和拥护等。在各国早期的政治史上,上述一切主要通过统治阶级制定和颁布法令来进行,当大众传播媒介出现后,它成为再合适不过的得力工具。凭借传播媒介统治者可以使自己的施政目标成为全社会共同的价值取向,并将政府自信、国策法典等各类信息从权力的金字塔尖向下一直传输到最底层民众,维护和巩固国家统治的合情性、合法性与合乎民心,传播媒介可以说是最简单便利的立名和立言工具。先通过自证合理来建立执政基础,再通过持续改革来夯实执政基础,这是一个简单的政治发展过程,媒介控制在这个过程中需要解决的问题是如何将重要信息在民众当中进行合理的展示,如何掌握信息资源配置的生效程度等。简单说,传播媒介需要为政府或准政府积极争取民众、进行有效宣传、达成预期效果,只有这样,国家治理才能师出有名、名正言顺。所以,维护国家统治的合法性并在此基础上巩固其统治,这从来就是传播媒介最为重要的作用之一。

二、预警社会发展的风险

西方传播学在研究传播媒介功能时便已提出"环境监测"说,"监测"意味着监视与检测,"环境"指的是我们所处的世界,既包含人类社会也包含自然界。

---

① 孔子. 论语[M]. 长沙:岳麓书社,2018.

传播媒介的第一个预警作用体现在及时甚至提前送达自然环境的变化情况，以帮助人们躲避灾害，虽然传播媒介对自然界的监测效果不可能像机器那般灵敏，且媒介的预警并不能阻止灾害的发生或者让灾害消失于无形，但是当地震、海啸、雪崩，以及气候异象等自然灾害来临时，恐怕没有哪种工具能比传播媒介更为有效，因为及时的信息发布和流通能够让人们在最短的时间内抓住生命营救的关键几分钟甚至几秒钟，这样便可以迅速控制人们和环境空间受损的程度和范围，论及这种作用，除传播媒介外，无他可及。

当然，就人文学者的研究兴趣点而言，传播媒介的预警功能似乎能更深刻地作用于人类社会。社会日益进化和成熟的一个表现就是，能正视和反思现代工业和科学技术给社会发展带来的负面效应，认识社会结构的变迁及其对公众认知与行为产生的影响，有针对性地建立规避风险的社会机制，制定风险治理的社会政策，而传播媒介在其中需要做到的就是"在规避社会风险中发挥积极功能，对潜在的和频频发生的社会风险起到环境监测、社会预警和舆论引导作用"[1]。对于社会环境的监测，重在发现环境异动和轨迹偏离，这犹如社会行进在具备既定目标的路径之上，政府如果是掌舵人，那么传播媒介就是监督者，在这个过程中，我们可能会发生各种各样的决策风险，有可能行差踏错步入误区，也有可能疑窦丛生状况不断，还有可能积弊深重无从下手，无论是政治上的、经济上的，或是文化上的各种问题或是其他，传播媒介的作用就在于提前觉察和发现，西方新闻界习惯将其称之为"公共服务"，也因此把媒介形容成"岗哨""瞭望塔"等，而社会主义国家如中国则将这类现象称之为"媒体监督"或"舆论监督"，因此，做好社会环境的监测，需要"真实、准确地反映社会矛盾发展、变化，特别是具有危险倾向的矛盾和冲突的衍生、变动情况，尽可能做到未雨绸缪"[2]。除此之外，人们还希望媒介能对重大问题保持密切关注、深入调查、揭示真相甚至提供建议和解决之道。当然，我们可以将这看作对传播媒介影响力的一种认可，但实际上传播媒介不可能越俎代庖，其作用只能是监测和预警，其控制作用体现在发现问题并推进问题解决的速度，而不是直接解决问题，这犹如水沸之时壶鸣气涌是在不断发出警报，但不可能做到釜底抽薪。

---

[1] 郑保卫. 论社会转型与媒体责任 [J]. 东岳论丛，2011，32（1）：87-92.
[2] 同①.

第七章　融媒时代的国际新闻传播

在融媒时代，无论是我们国内的新闻还是国际上的新闻传播，都发生了很显著的变化。本章主要讲述融媒时代的国际新闻传播，从两个方面展开叙述，分别是融媒时代国际新闻传播现状以及融媒时代国际新闻传播发展趋势。

第一节　融媒时代国际新闻传播现状

一、国际新闻概述

正如国际传播与国际新闻的概念密切相关一样，全球传播也与全球新闻的概念紧密联系。全球新闻（global news）或者叫国际新闻的全球化，是国际新闻传播中出现的一种新形态，在西方国家的新闻传播领域，20世纪90年代就有了全球新闻的提法，也出版了不少关于全球新闻的研究著作。但是仔细观察可以看出，西方学者的著作主要集中在媒体国际化的研究和新闻的国际性流动研究方面，对于事件和受众的研究不够。我们还是可以从新闻事实、媒体和受众三要素来分析全球新闻。

国际新闻有三种形态：国际新闻报道、对外新闻传播和世界/全球化新闻传播，其中，世界/全球化新闻＝世界/全球性事实＋国际化媒体＋国际社会受众。从事实的角度说，全球性事实是超越了单个国家甚至国家集团的利益范围，是人类需要共同面对、单个国家无法解决的问题。例如，世界秩序方面的恐怖主义、核扩散、联合国重建问题，世界发展方面的全球贫富分化问题、全球变暖、资源枯竭与环境问题、全球公共卫生事件等，随着全球化的不断深入，这类问题开始越来越多。从媒体的角度说，就是随着媒体的国际化程度不断提高，出现了全球化的媒体。全球化媒体的概念，一方面是指媒体的技术特征，即拥有国际电视及互联网这样的全球化媒介，另一方面是指媒体的组织特征。全球媒体不仅具有全球报道和传播的能力，而且面向全球性市场和受众，可以使全球的受众实现信息共享，不仅努力把全球性事务作为主要报道对象，而且在价值取向上具有全球意识和去国家化的特征。美国在线和时代华纳的杰拉尔德·莱文宣称："我们不希望被看作一家美国公司，我们具有全球化视野。"[1] 从受众的角度说，随着国际社会的扩大和人口跨国移动的增加（由旅游者、难民、移民、跨国公司人员和国际组织人员等形成的国际移动人口，已经超过了世界总人口的十分之一，而且还在不断扩大），随着人类"只有一个地球"的全球意识的增强，全球性受众的概念在逐渐扩大着。上述三者合起来形成了"全球新闻"。

---

[1] 郭莲. 全球传媒体系与新自由主义、文化帝国主义 [J]. 国外理论动态，2001（7）：10-14.

全球新闻起源于世界性通讯社向国际社会提供的新闻，同样受对外传播的影响，在全球化时代，由于传播技术和跨国媒介公司的发展，全球新闻开始产生。早在麦克卢汉提出地球村的概念和在阿婆罗登月的电视直播中，我们已经看到了全球新闻的雏形，自1986年1月28日当地时间11时38分，美国"挑战者"航天飞机在升空不久爆炸，全球受众在同一时刻目瞪口呆地看到了这一场景，CNN的现场报道，是全球新闻的开始。自那之后，全球新闻的实践从政治事件到经济危机，从文化、体育到环境、能源，从恐怖袭击到生态灾难，已经出现了许多报道。

全球新闻的出现，为国际新闻带来了一些新的特征：就新闻的载体而言，全球传播的基础是跨国传媒机构日益强大，对国际新闻的全球化起到了重要的推进作用；就新闻的形式而言，出现了国际新闻的混杂化，国际新闻中的国际报道、对外传播和全球化新闻开始在跨国媒体集团内部不断融合，新闻在全球化中发挥作用的同时，它本身也被全球化了；就新闻的作用而言，全球新闻的作用是在一种广泛的、多样化的趋势中依然呈现出一体化的形态。全球新闻的出现，在国际话语多元化的同时，也促进了全球公共空间的形成。与传统的国内公共空间一样，全球公共空间的形成同样重要，是全球化健康发展的关键。全球公共空间成了学术界研究的一个重要课题。

全球化与本土化是全球化时代同时出现的现象，这一现象是如此突出，以至于有人专门创造出了"球土化"（glocalization）一词。在国际新闻全球化的同时，同样出现了本土化的趋势。国际新闻的本土化首先表现为国内报道和国际报道的区别日益淡化，表现出了"国际报道国内化"或"国内报道国际化"。"国际报道国内化"，一方面是指国内媒体在接受国外媒体报道时经过了加工和过滤，使之更容易被国内的受众所接受；另一方面是指国际媒体在制作国际新闻时，会自觉地利用各种手段来消除他国受众在文化和认知方面对新闻的理解障碍，也是对外传播针对性的体现。"国内报道国际化"，是由于传播技术的提高，媒体的覆盖已经很容易地超越国界，形成所谓国内新闻国际化。例如，一个上星的电视频道，可以很容易地覆盖到周边国家，同时，由于节目交换的日益频繁，为满足海外受众的需要，将为本土受众制作的新闻节目拿到国外播放。国际新闻的本土化还表现在国际新闻中的国际报道和对外报道的区别日益淡化。国际媒体机构在向全球扩张中，采用了"采编中心前移"的本土化策略，开始大量雇佣当地人员，制作本地化的节目，在当地建立播出平台。国际媒体制作的节目，既可以在当地播放，也可以传回国内播放，还可以在全球播放平台播放。

国际新闻的全球化和本土化使传统的新闻界线和区别有些模糊不清了，但是可以肯定，不管新闻的边界如何模糊，新闻的全球化如何发展，国家的作用和意义并没有消退，全球新闻还不可能脱离国家的基础和规定性，所以仍然属于国际新闻的范畴。

二、国际新闻生产与传播方式的新变化

在传播全球化和媒介融合时代，不仅国际新闻的形态和边界发生了变化，国际新闻的生产和传播方式也出现了一些新的特征。

（一）在新闻消息源建设上的变化

主要体现在信息的采集更加及时灵活、方便快捷。受商业化的冲击和新媒体快速发展的影响，西方国家的媒体实体驻外机构和人员在不断减少，但同时，机动灵活的采访则在增加，海外站点布局思路和运作模式也在悄然改变。如今，当一个重大国际新闻事件发生后，从事国际报道的媒体通常都会派出一个团队"空降"到新闻现场开展报道。"空降式采访"日益普及，在一定程度上降低了建设实体性驻外分社的必要性。美国一些研究者称，就海地地震报道而言，从美国本土空降记者到现场，与从海地首都派出记者效果是一样的。在新媒体技术的支持下，"背包记者"也成为国际新闻界的风潮。一个记者带着笔记本电脑、手提电话、照相机、DV机，就能横跨一个国家，写稿、拍照、出镜，完成以往需要一个驻外团队才能完成的工作。"背包记者"的出现，不仅对"蹲守式"海外站点运作模式形成冲击，同时表明，在数字时代，海外站点的人员和机构在不断"瘦身"。另外，在非自采的消息源方面，"公民记者"的作用日益突出，同时由于西方国家网络技术发达，借助互联网提供的交流和传输平台，英美等国的媒体同国外新闻机构的直接合作更多，国际新闻资源向西方媒体流动的渠道更加多样。通过这种跨越国界的合作，媒体无须亲自到海外建设实体传播网络，就可获得他国的新闻素材。值得关注的是，这种媒体间的跨国直接合作常常是"跨媒体形态"。例如，英国《独立报》2009年与法兰西和半岛电视台英文频道建立了合作关系，获准在

网站上使用这两家的视频素材，而两家电视台也借助《独立报》延伸了在英国本土的新闻触角。

（二）在新闻生产过程中的变化

主要体现在多媒体的一体化生产和传统生产方式的变革。例如，CNN利用新媒体技术全面改革内部组织结构，打造适合"全媒体"的新闻制作流程。以前，CNN各个频道以及网站都有自己的节目制作部门。在非线性编辑普及和节目全面数字化后，CNN内部建立起了一个能够统管所有素材的总任务台（Media Operation），专门负责处理每天从世界各地传送过来的新闻素材，供各个频道和网站以及其他新媒体编辑使用。同时，CNN的记者也为整个集团服务。CNN发展新媒体的网站建设和移动信息的制作业务都是由电视节目制作人员来承担。CNN的电视记者和网站记者已不分彼此，有的时候电视记者为网站写稿，有的时候则是网站记者以报告人的身份在电视上露面。这种高效的信息共享机制和组织结构实现了媒体优势资源的共享，节省了人力物力，也加快了信息传播的效力。再如，新华社2010年成立的全媒体新闻工作室，也在进行着内容生产的全媒体化和业务操作全流程化的实验。在媒体阵地前移的同时，在新媒体环境下，随着传统的目标管理向过程管理转化，粗放式向集约式方向发展，记者编辑单打独斗、部门分割，资源信息少协调、少共享的局面在改变，"大编辑部"成为变革的方向。编辑平台就是一个"会诊"的过程，就是把"团队的位置放到个人前面"，让更多思想和角度被释放出来。改变一个记者、一个编辑决定一篇稿子的状态，而同时新闻"策划"的意味更加突出了。

（三）在新闻传播过程中的变化

主要体现在多平台的一体化传播方面，以求更加有效、快捷、精确的送达更多的受众，实现全球化和品质化传播，达到产品效果的最大化。例如，CNN新媒体发展一开始便放眼世界，进行全球化传播，以影响更多的人。CNN利用资源优势在全球各个区域设置面向互联网站和移动电话网的信息发布点，利用新媒体集群式发展实现了传播渠道的多样化。而通过与社交网站、微博等新媒体的深入合作，又对新闻信息进行了"病毒式"传播，获得了信息接触效率的最大化。而通过用户充分的网络共享和互动，CNN又为自己赢取更多的最新新闻和视频内容，进一步强化了在这些领域的优势。又如新华电视（CNC）在2012年设立了CNC点播台，改变了传统电视的线性播放方式，通过个性化的服务赢得海外用户，以适应"节目碎片化、内容个性化"的新型传播路径，打造"随时、随心、随地收看的CNC全球点播"。同时，还在利用美国的YouTube、Facebook，Twitter等新媒体推送内容和户外大屏幕播放等方面取得了良好效果。

三、国际新闻竞争及功能的变化

当代国际新闻传播体系的三个特点：一是当代的格局依然是"西强东弱"；二是跨国媒体通过媒体融合形成错综复杂的媒体网络；三是当前国际新闻的流动交换体系是国际政治、军事、文化格局的一部分。在这样的体系中，国际新闻的竞争呈现出国际传播实力的竞争、媒体与传媒公司的商业竞争及国际实力的竞争三种态势。如果仔细观察我们还可以看出，当代国际新闻的竞争实际上是全方位的：从新闻生产的角度，这种竞争渗透到了新闻的采集、制作、传播和效果反馈等各个环节；从新闻生产主体的角度，也形成了以传媒公司为主的多元权力结构的竞争；从新闻生产的伦理规范角度，这一竞争涉及了新的传播范式与伦理规范的产生；从新闻竞争的背景而言，这种竞争又涉及国家软实力、国际话语权的较量。

在新的媒介环境下，当代的新闻生产与传播环境已经发生了显著的变化。如前所述，新闻的采集变得更加灵活及时、快捷方便，传统的新闻生产方式也在多媒体一体化的生产平台的搭建中发生着变革，在传播方面，随着多媒体分众化传播平台的建立，传播的效率和效能在大大地提高，与此同时，随着"公民记者""众包"新闻的出现和传受角色的变化，在线写作、在线阅读的出现，新闻的边界也更加模糊化了。我们可以把这一切用"融合传播""全景化报道"等概念来加以概括。"融合传播"，是指在媒介融合的基础上，消除了传播的时空界限而形成的，由多元传播主体、传播介质和传播元素共同参与的一种传播形态；"全景化报道"，包括传播形式的广泛性、超链接、增强受众参与、动态化内容和个性化服务五项内容。[1]在这种传播形态下，从新闻采集能力到话题制造能力，从新闻传播能力到推送能力，新闻在生产环节的竞争显然已经升级了。

---

[1] 约翰·V.帕夫利克（John V. Pavlik）.新闻业与新媒介[M].张军芳，译.北京：新华出版社，2005.

国际媒体之间的竞争一直是国际新闻竞争的主角,议程设置能力也是媒体竞争中的一个主要环节。不过随着新闻传播中"微议程"的出现,也显示了传播主体多元结构的重建。合久必分、分久必合的古语也揭示了新闻媒体的发展规律。在新闻媒体的发展中,我们看到了一个从分散扩大到集中整合,再到分散扩大、再到集中整合的逻辑上升过程。可以说大众报刊的出现是对党派报刊新闻垄断的革命,而随着报刊垄断化,广播的出现是对报刊垄断的再次革命,电视扩大了信息传播的范围,但是也形成了传播垄断,网络媒体又一次开始了新闻传播扩大化的革命。在一次又一次的变革中,新闻的传播控制者发生了变化,新闻的传播范围在不断扩大。当代的新闻传播主体,尽管依然主要集中在巨型跨国公司手中,但是不断出现的新媒体公司、国际组织、非政府组织、各类社会团体和企业、有影响力的个人都开始进入了国际传播领域,而且作用也越来越大。国际新闻的竞争从简单的媒体较量上升到了整个社会体系、社会结构乃至国民素质的竞争。

当代的国际新闻竞争不仅是商业力量、传播技术、社会体系的竞争,而且深入到了新闻传播范式、新闻价值和新闻伦理的领域。全球新闻的出现,在国际话语多元化的同时,也促进了全球公共空间的形成。与传统的国内的公共空间一样,全球公共空间的形成同样重要,是全球化健康发展的关键。全球公共空间成了学术界研究的一个重要课题。在全球公共领域,如何在越来越多跨文化冲突中寻找人类共识,传播新的理念,成为国际新闻竞争的新领域。

四、中国对外新闻传播的模式更新

当前我国正处于对外报道的机遇挑战并存时期,在这个机遇与挑战共存的时期,我们的对外报道模式也在慢慢地发生着变化。概而言之,我们认为,我们的对外报道模式正在从传统的事业型、单一电视型、宣传型与以我为主的四合一模式,向多元传播主体、多媒体传播平台、丰富的新闻与文化内涵、重视受众和强调效果的五位一体模式转变。显然,在传播模式研究方面,我们借鉴了传播学的五W理论作为我们的范式研究基础。

(一)传播主体的多元化和多层次性

我们对外传播已经从原来的六大中央媒体改成了国家级媒体、地方媒体、民营电视及视频网站的梯次结构。值得注意的是，在国家级媒体中，传统的事业型转制开始出现，例如 2012 年"人民网"在上海上市交易，新华电视在香港上市，标志着我国的对外传播向事业与产业并举的方式转变。多元化、多层次并富有个性的传播主体出现，对对外传播是有利的。我国不同的媒体也正在提出自己的传播理念，例如，新华社的"传播中国、报道世界"，央视的"民族特色、国家风范、世界影响"，只有媒体个性不断探讨和呈现，才能更好地达到传播目的。

（二）传播主体与传播渠道密切相关

不同的传播主体主打不同的受众人群，同时开始借助新媒体手段，由此，我国的对外传播的渠道和平台建设正在获得质的飞跃。以对外电视为例，不仅传统电视市场上的覆盖、落地、入户得到了巨大的发展，而且在新媒体平台的搭建方面，也获得了巨大的突破。如 2012 年新华电视除了开办可以"随时、随心、随地"收看的全球点播台外，还在美国的 YouTube、Facebook、Twitter 上全面开展内容推送工作；2012 年，央视的北美分台和非洲分台也正式开播，其非洲台开办的"我爱非洲"手机电视也与非洲用户见面了，同时，央视开办的国家网络电视台（CNTV）用中、英、西、法、俄、阿六种语言向全球提供中国电视节目的直播和点播服务，用户遍布亚、欧、北美等近百个国家及地区，海外用户在 2012 年的增长超过了 20%，已成为全球最有影响力的移动互联网电视客户端之一。传统的电视传播正在被扩展为由网络构成的各种固定及移动的视频终端渠道。在当代传播领域，渠道与平台的重要性正逐步上升，只有建立与受众的无缝衔接，才能实现有效传播。

（三）传播内容方面发生了改变

当代世界的传播模式中有新闻为主型、文化为主型、新闻与文化结合型。新闻与文化都应该是我国对外传播的重要内容，而且"立足中国、面向世界"的全球意识也越来越多地体现在我们的对外传播中。从最近的实践看，内容方面的改变主要表现在：一是对于传统的三大主题（成就报道、中外友谊、对国外不实言论的反击）的突破，增加了重大事件报道、突发事件报道、监督类报道和"走转改"新闻等品种。二是国际报道及境外的本地化新闻内容在增加。三是国际报道开始与国内报道联动。我们看到，无论是美国总统选举、法国总统选举，无论是美国的桑迪飓风、影院枪击案还是比利时的客车事故，无论是南海问题、东海问题还是伦敦奥运会，无论是"欧债危机"的蔓延还是中国经济的走向，可以说世界所有的重大问题都开始出现在了我国对外传播的内容中，无论是速度、深度、广度都前所未有。四是内容产品方面的文化内涵在不断提升。例如，央视拍的节目《舌尖上的中国》，办的栏目《远方的家》，都有很高的文化含量。报道理念的提升，从"让世界了解中国"到向"世界说明真实的中国"，从"让世界读懂中国"再到"向世界说明世界"，我们的对外报道理念也在不断改变。

（四）尊重传播受众

理论上说，所有的非本国受众都是对外传播的目标，但受众是可以分为不同类型的。如CNN的目标是"精英受众"，而FOX的目标则是"边缘受众"，是那些"被主流媒体抛弃的人"。过去我们对外传播一直纠结的是，如何确定优先传播的目标？但随着传播主体的多样化、多层次的平台的搭建和传播内容的丰富，全受众的目标完全可以实现，关键是传播主体、平台及内容与受众的有效对接。从2012年我国对外传播的实践看，这种对接正在进行。另外，受众研究一直是我们的薄弱环节，随着消极受众向积极受众的转变，这一问题更是亟待解决。当然，我们的目标不是受众至上、商业化地迎合受众，而是在尊重和了解了受众的基础上，实现传播主体意愿与受众需求的有效结合。

（五）传播效果是模式的核心

效果和影响力不是凭空而来，而是建立在前面四项的基础之上。与其他国家的媒体目标一样，中国的对外传播也要提高效果和影响力，同样要追求媒体的话语权、影响力，进而传递中国的价值观，实现中国"软实力"的增长。

当然，中国对外报道的模式转型还在转变的过程中，依然存在着许多问题。例如，传播主体依然是国有单位、事业型为主，对外传播缺少独立性，难以完全摆脱"宣传导向"，市场化运作、营销的能力还不足，同时民间和社会力量还不强；在渠道和平台建设方面，建设中的全球传播网依然有漏洞，特别是在新媒体平台的搭建方面发展的速度还不够快；在传播内容上，"议程设置"的能力还不强，国内重大事件报道有优势，国际事件的报道能力还不高；在受众和效果方面，受众市场的细分、受众的需求研究和有效管理、通过新媒体实现与受众的互动等都做得不够，也没有真正改变"播出即效果"的观念，这些都需要改进。

第二节 融媒时代国际新闻传播发展趋势

一、大数据与新闻传播

（一）数据新闻

简单定义，数据新闻（Data Journalism）就是利用数据挖掘、数据分析、数据统计等技术手段从海量数据中发现新闻线索，通过可视化技术呈现新闻故事的新闻报道方式。[①]

早在 2006 年，中国学者刘平便在其《挖掘身边信息，用活数据新闻》一文中，首度以"数据新闻"为关键词，对其核心价值、数据来源，以及数据处理方式做了探讨。[②]

马春亭提出，所谓数据新闻学，就是以数据作为重要基础的一种新闻模式。数据新闻学作为一种全新的新闻模式，在大数据技术快速发展的新时期，使数据新闻学的功能得到了拓展，呈现出一些新的特征。一是数据新闻学能够发挥"说故事"的重要作用。二是数据新闻学能够强化个人与新闻事件的联系。三是数据新闻学使记者的角色发生了深刻的变化。[③]

（二）数据新闻的缘起与全球扩散

在以数字化为核心特征的信息技术不断发展并日趋普及的今天，数据体量爆炸式增长，海量数据渗透到各个行业，以英、美为代表的西方发达国家，以"分享"为核心精神的计算机软件开源运动如火如荼，政府数据的开放程度稳步提升，知识共享的理念深入人心，在此背景下，循着计算机辅助报道与精确新闻等量化新闻报道的发展脉络，数据新闻在西方发达国家的主流媒体应运而生。

英国《卫报》较早成立数据新闻团队并于 2009 年初在其官方网站上创立"数据博客"（datablog, https：//www.theguardian.com/data）栏目，清晰地采用数据

[①] 刘义昆. 大数据时代的数据新闻生产：现状、影响与反思 [J]. 现代传播（中国传媒大学学报），2014, 36（11）：103-106.
[②] 刘平. 挖掘身边信息用活数据新闻 [J]. 中国统计, 2006（8）：58.
[③] 马春亭. "数据新闻学"的发展路径与前景探析 [J]. 新闻传播, 2017（2）：75-76.

新闻的概念，被视为数据新闻发展的一个里程碑。

2010年，由英国《卫报》、美国《纽约时报》及德国《明镜周刊》联合推动的曝光美军在阿富汗及伊拉克军事行动的"维基解密"事件，标志着数据新闻正式进入公众视野。其后，在全球新闻业普遍面临新媒体冲击的语境下，伴随着日渐增速的全球化进步，数据新闻借助慕课等知识共享平台迅速扩散，在世界各国落地生根。

2011年，由全球编辑网发起并组织，由谷歌提供资助与奖励的全球首个数据新闻专业奖项——"数据新闻奖"一经设立，便吸引到来自欧洲、北美洲、非洲、亚洲、南美洲、大洋洲等6个大洲，51个国家和地区的286个项目参与其中。①

2011—2012年，一向苦于没有采编权，但技术优势显著的搜狐、网易、腾讯、新浪等四大门户网站纷纷推出首条数据新闻，并陆续设立专栏，成为中国数据新闻探索实践的先行者。凭借与指尖阅读行为及轻量化阅读习惯的高度契合，门户网站的数据新闻栏目一经上线，便获得了良好的传播效果。由此，传统媒体纷纷效仿门户网站的数据新闻实践，并将其作为发展融媒体报道的重要切入点。

经过近六年的探索与发展，中国数据新闻的实践成果丰硕。以门户网站与主流传统媒体为代表的机构媒体相继组建了专门的数据新闻制作团队，定期推出数据新闻作品。网易"数读"、财新"数字说"等一批具有较高的品牌认知度与美誉度的数据新闻专栏纷纷建立，一系列涵盖主题丰富、传播形态多样的数据新闻作品相继问世；以"图政数据工作室"为代表的、聚焦特定领域数据新闻生产的独立新闻机构开始涌现。

（三）数据新闻的可视化、互动化

数据可视化是指借助于图形化手段，来清晰有效地传达与沟通信息，需要利用各种软件和工具。

数据新闻借助编程工具和绘图软件等，提高了数据的可视化程度。2017年，可视化类获奖作品是《华尔街日报》制作的《音乐剧汉密尔顿背后的韵律》。这件新闻作品的制作算法受到评选委员的高度赞扬，这也是其能在数百件参赛作品中脱颖而出、拔得头筹的直接原因。该报图形编辑，也就是此算法的创始人埃里

---

① 王斌.大数据与新闻理念创新——以全球首届"数据新闻奖"为例[J].编辑之友，2013（6）：16-19.

克·辛顿和乔尔·伊斯特伍德认为，核心设计在于"有趣"和"互动"。"有趣"主要表现在报道的形式上，整篇新闻共穿插了 15 个摘自音乐剧的片段，用户点击播放按键，即可收听，与此同时，随着音乐的推进，每个音节所代表的韵律也以菱形图案依次出现，且相同的韵律与相同颜色的菱形图案搭配，用视觉去感受听觉艺术，可视化效果明显；"互动"在于两个方面，一方面即用户在阅读此篇报道的时候可以自主操控播放以及停顿按钮，另一方面是在报道的最后，用户输入其他内容如音乐歌词或原创歌词等，都可得到与文中相同的可视化分析，而且这一设计也使报道收获了一个意想不到的结果，即教师利用最后的互动界面教授学生诗歌的韵律。在新闻传播过程中整个平台可能获得的数据资源包括新闻内容数据、素材数据、历史数据、媒资数据、用户资产数据、用户行为数据、生产流程数据、内容传播数据、媒体云数据、互联网新闻数据、UGC 数据、公众热点数据、网络行政数据、政府数据等。一方面建立起自身的用户体系，以逐步变受众数据为用户数据；另一方面尽快把现有静态的存量内容资源转变为动态的、互动的数据资源。

二、AI 技术与新闻传播

人类活动的智能是指人类在认识与改造世界的实践中通过脑力劳动体现出的能力。人工智能作为一门综合了计算机、信息控制论、神经生理学、心理语言学和哲学等多种学科相互渗透于一体的综合性学科，具有广泛应用的交叉性与前沿科学价值，引起了诸多科技领域的高度关注。

人工智能中的数据处理、语音与图像识别、机器学习/深度学习、算法等在新闻传播中已具备普遍适用性。

2016 年 3 月，谷歌旗下的围棋人工智能程序战胜了围棋世界冠军李世石，一时间引起全球范围内对人工智能（Artificial Intelligence，简称 AI）的广泛热议。

世界互联网教父凯文·凯利预测，人工智能会是下一个 20 年颠覆人类社会的技术，它的力量将堪比电与互联网。

（一）人工智能帮助新闻内容制作

人工智能实际上就是人的智能的一种延伸，可以代替部分人脑的工作。人工智能在体育新闻中表现比较出色。比如球迷对足球比赛的赛事追踪，人工智能能够保持 24 小时追踪播报，满足用户的个性化需求。

2017 年 12 月 18 日，国内首家广播人工智能实验室在长沙揭牌。湖南广播电视台广播传媒中心与科大讯飞股份有限公司携手共建"AI+ 广播新技术"研发应用平台，双方希望通过共同研发 AI 技术在音频传播领域中的新应用，改造广播传统生产模式，解决行业痛点。该平台将融合各自在内容、技术、渠道、运营等方面的优势，利用语音及人工智能交互、云计算、大数据等技术推动广播媒体的创新、转型、发展。主要体现在：改变广播内容人工制作的方式，利用人工智能对所有文字内容进行重组播出，方便快捷；改变收音机收听广播的方式，人们可以通过智能音箱、智能电视来收听，并便捷地双向互动，人工智能根据用户的需求和喜好，精准提供用户喜欢的节目。联合实验室未来主要方向是在新技术和大数据环境下，人工智能在音频传播领域的应用研究和广播运营模式研究。

（二）人工智能依据算法传播给不同受众

算法是计算机解决问题的方法，是人工智能思考问题、处理问题的基础核心，也是其方法论。而算法是目前媒体信息传播领域对人工智能最常见的运用，如百度、今日头条的内容分发，其核心便是人工智能，将内容依据算法分发给不同受众，这实际上是一种数据积累和维度刻画：一个受众长期使用某个应用浏览内容，该用户的阅读数据就会被不断反馈进数据库，用户画像就逐渐清晰。同时，随着用户数量的增加，通过相似点描绘可以将人不断地分群，进行群体分发，再加上之前累积的数据，通过算法运算完成智能化推荐。

参考文献

[1] 刘文阁，李强．新闻传播概论 [M]．北京：民主与建设出版社有限责任公司，2021．

[2] 王晓宁．融合新闻传播新论 [M]．南京：南京师范大学出版社，2020．

[3] 隋岩，哈艳秋．新闻传播学前沿 2020[M]．北京：中国国际广播出版社，2021．

[4] 高晓虹．中国新闻传播研究网络视频传播 2020[M]．北京：中国传媒大学出版社有限责任公司，2020．

[5] 张萍．新媒体与新闻传播发展研究 [M]．北京：北京工业大学出版社有限责任公司，2019．

[6] 赵丽芳，毛湛文．新闻传播学入门基础导读 [M]．北京：五洲传播出版社，2019．

[7] 彭祝斌，雷跃捷．媒体融合与国际视域下的新闻传播教育 [M]．长沙：湖南大学出版社有限责任公司，2021．

[8] 王永滨，洪志国，曹轶臻．融媒体服务模式与技术 [M]．北京：中国传媒大学出版社有限责任公司，2021．

[9] 武丹，钟琦．融媒体科技传播实践研究 [M]．合肥：中国科学技术大学出版社，2022．

[10] 孙艳．融媒体时代电视新闻的传播研究 [M]．北京：北京工业大学出版社有限责任公司，2021．

[11] 徐蕾．融媒体时代文化新闻传播创新发展研究 [J]．文化产业，2022（30）：1-3．

[12] 易军，张运华，张耀平．媒介化驱动：新闻传播的去媒介化研究 [J]．西部广播电视，2022，43（S1）：23-28．

[13] 张金萍．论新媒体时代新闻传播主体变迁 [J]．中国报业，2022（20）：21-23．

[14] 侯晓杰.媒体融合背景下电视新闻传播走向分析[J].中国报业,2022(20):30-31.

[15] 王天笑.网络新闻传播舆论引导及管理探究[J].中国报业,2022(20):46-47.

[16] 陈曦.基于媒介融合背景下的新闻传播变革探讨[J].采写编,2022(10):77-79.

[17] 范雪波.媒介融合背景下新闻传播的未来[J].中国传媒科技,2022(10):53-56.

[18] 赵艳艳.大数据对新闻传播力的影响研究[J].新闻研究导刊,2022,13(19):1-3.

[19] 底复平.基于新媒体的电视新闻传播路径创新与应用研究[J].中国新通信,2022,24(19):95-97.

[20] 池毓腾.融媒体背景下移动短视频新闻传播策略[J].中国报业,2022(17):86-87.

[21] 刘鑫.媒体融合背景下地方媒体短视频情感因素研究[D].济南:山东大学,2022.

[22] 向娥.媒体融合创新中的技术应用[D].武汉:华中师范大学,2022.

[23] 冯天格.媒体融合背景下企业电视台转型调查研究[D].西宁:青海师范大学,2022.

[24] 崔笑宇.融媒体时代主流媒体建设性新闻的实践研究[D].哈尔滨:黑龙江大学,2022.

[25] 李男.媒体融合背景下音频新闻传播策略研究[D].贵阳:贵州民族大学,2021.

[26] 孙楝.重庆市"脱贫攻坚"融媒体报道研究[D].重庆:重庆交通大学,2021.

[27] 沈英丽.融媒体时代广播电视新闻工作者媒体素养教育研究[D].石家庄:河北师范大学,2020.

[28] 唐珺.融媒体发展背景下的新闻作品著作权保护[D].徐州:中国矿业大学,2020.

[29] 帕孜利亚.融媒体背景下电视新闻评论节目的互动研究[D].乌鲁木齐:新疆大学,2020.

[30] 黄馨.媒体融合背景下的电视媒体组织变革[D].南京:南京大学,2018.